Deutsch

5. Klasse

Georg Ludy

Diktate leicht gemacht

Abenteuergeschichten

Mentor Übungsbuch 810

Mentor Verlag München

Der Autor: Georg Ludy, Realschullehrer für Deutsch, Autor und Stoffentwickler für Film, Funk, Fernsehen und Theater

Redaktion: Carsten Schmidt (Lektorat)
Elke Spitznagel (Konzept, Regeln)

Illustrationen: Greta Rief, Obersöchering

In neuer Rechtschreibung

Umwelthinweis: Gedruckt auf chlorfrei gebleichtem Papier

Layout: Peter Glaubitz, auf der Basis des Layouts von Barbara Slowik, München
Umschlag: Iris Steiner, München
Satz: OK Satz GmbH, Unterschleißheim
Druck: Landesverlag Druckservice, Linz

© 2000 by Mentor Verlag Dr. Ramdohr KG, München
Printed in Austria • ISBN 3-580-63810-6

1. 2. 3. 4. 5. 04 03 02 01 00

Inhaltsverzeichnis

Vorwort 5

1. *Der dösende Dennis im Gurkenfass*
   ss oder s oder ß?   Teil 1 7
                              Teil 2 9
                              Teil 3 11

2. *Das etwas drastische Wespenfest*
   ss oder s?   Teil 1 13
                              Teil 2 15
                              Teil 3 17

3. *Die rasante Badewanne*
   Doppelkonsonant oder nicht? Teil 1 19
                              Teil 2 21
                              Teil 3 23

4. *Bei drückender Hitze tanzen die Schnaken*
   k oder ck? z oder tz?   Teil 1 25
                              Teil 2 27
                              Teil 3 29

5. *In Siebenmoos spuken die Ahnen*
   Lange Vokale 1   Teil 1 31
                              Teil 2 33
                              Teil 3 35

6. *Die tadelhafte Reise zum Mond*
   Lange Vokale 2   Teil 1 37
                              Teil 2 39
                              Teil 3 41

7. *Hexentänze zum Geheul der Käuzlein*
   Schwierige Laute   Teil 1 43
                              Teil 2 45
                              Teil 3 47

8. *Endstation eines wahren Entdeckers*
   Achtung: Verwechslungsgefahr! Teil 1 49
                              Teil 2 51
                              Teil 3 53

9. *Vier Flieger beim Fliegen und eine Gemeine*
   Großschreibung   Teil 1 55
                             Teil 2 57
                             Teil 3 59

10. *Ein Bäcker, ein verliebter …*
    Kleinschreibung   Teil 1 61
                             Teil 2 63
                             Teil 3 65

11. *Fiebrig sucht, wer Schätze suchen geht*
    Getrenntschreibung   Teil 1 67
                             Teil 2 69
                             Teil 3 71

12. *Das pitschenasse, rührselige Ende*
    Zusammenschreibung   Teil 1 73
                             Teil 2 75
                             Teil 3 77

Grammatische Begriffe 79

Auch die folgenden Mentor-Bände üben mit besonders spannenden Texten:

Diktate leicht gemacht 6. Klasse
Sciencefiction-Abenteuer
ISBN 3-580-63811-4

Rechtschreibkrimis 1
Buchstaben und Laute, Worttrennung
ISBN 3-580-63510-7

Rechtschreibkrimis 2
Groß oder klein, zusammen oder getrennt, Komma oder nicht?
ISBN 3-580-63511-5

Vorwort

Hallo, liebe Freundin, lieber Freund,

hast du dir dieses Buch selbst gekauft, oder hat es dir jemand mit einem „Damit du endlich richtig schreiben lernst" geschenkt? – Wie auch immer, ein Diktatbuch das spannend, lustig, abenteuerlich, mal gruslig, mal rührend und auch noch lehrreich ist, ja gibt's denn das überhaupt? Wir meinen, dieses Buch könnte so eines sein. Hier stehen zwölf Geschichten drin. Jede Geschichte hat drei Teile, es sind also Fortsetzungsgeschichten. Die „Stars" dieser Geschichten sind der dicke Dennis, sein Freund Nick, die hübsche Lena und ihre Freundin Kim. Die sind in deinem Alter und von Beruf Abenteurer. So viel verraten wir schon mal hier: Der dicke Dennis ist außerdem in Lena verknallt! Was daraus wird? Lies selbst!

Übersichtlich — Jedes der zwölf Kapitel besteht aus drei Teilen, die jeweils ein Rechtschreibthema behandeln und immer nur zwei Seiten lang sind!

Einleuchtend — Auf den Vorderseiten steht immer eine kurze Regel, dazu folgen einige Beispiele. Wenn du dir die einprägst, hast du schon viel erreicht.

Praktisch — Danach kommt die jeweilige Fortsetzungsgeschichte. Das ist das Diktat, logo. Am besten ist es natürlich, wenn dir das jemand diktiert. Hast du niemanden, dann befolge die Anweisungen, die unter den Diktaten stehen. Richtige Profis machen natürlich beides. – Übrigens, es gibt ja Kassettenrekorder, klingelt's?

Clever — Auf den entsprechenden Rückseiten findest du dieselben Diktate nochmals. Wozu denn das, wirst du fragen. Es sind natürlich leicht veränderte Diktate, damit sollst du ja arbeiten. Außerdem findest du dort wertvolle Tipps und unsere Hopplas. Die helfen dir, die Texte ganz genau anzugucken. Und Übungen gibt's auch. Aha, denkst du jetzt – aber keine Panik, die sind ganz kurz, weil es ja ein Diktatbuch und ein Geschichtenbuch sein soll.

Genial

Hast du übrigens gewusst, dass viele Menschen eine Art Fotoapparat im Gedächtnis haben? Einmal gelesen – klick – nie mehr falsch geschrieben. Super, oder? Weil das bei dir ja vielleicht auch funktioniert, haben wir in jeder Geschichte viele Wörter zum jeweiligen Thema reingeschrieben.

Ach so, lesen. Natürlich kannst du die Geschichten auch mal nur so lesen. Das bietet nicht nur Unterhaltung, sondern dient schließlich auch – klick – dem Lernen, ganz nebenbei.

Also, auf geht's! Der dicke Dennis, Nick, Lena und Kim erwarten dich bereits.

Viel Spaß und ganz viel Erfolg wünschen dir

der Autor Georg Ludy

und dein Mentor Verlag

❶ Der dösende Dennis im Gurkenfass
ss oder s oder ß?

Regel 1   Der s-Laut wird **nach kurzem Vokal** meist **ss** geschrieben.

Beispiele

Klasse	passen	hässlich
messen	essen	vergesslich
wissen	gebissen	zerrissen
Schloss	geflossen	eingegossen
Kuss	müssen	genüsslich

Teil 1

Jeder Gurke ein Fass

Der dicke Dennis hatte sich in Lena verliebt. | Nicht nur ein bisschen, nein, | Dennis konnte schon gar nichts mehr essen. | Da aber Lena bestimmt nur Helden küssen würde, | musste Dennis ein Held werden! |

Er könnte sich todesmutig im Gurkenfass | den Fluss hinunterstürzen. | Das wäre ein Ding! | Die Idee war gerissen, | da konnte nichts misslingen. | Nick fand das klasse. |

Am nächsten Mittag | kündigte Nick in allen Gassen | die unfassbare Heldenschau an. | Da traf er auch Lena und Kim. | Das passte ja prima! |

Dennis wartete inzwischen im Gurkenfass, | das, an eine Leine gebunden, | auf dem Wasser schaukelte. | Ob es nicht besser wäre, | diesen Stuss bleiben zu lassen? | Da schlief der Dussel ein | und vermasselte alles.

(113 Wörter)

Auf geht's!   Schreibe die blauen Wörter im Diktat sorgfältig ab!

Tipp

Steht der s-Laut nach kurzem Vokal am Wortstammende, schreibt man immer ss! Du musst also auf den Wortstamm achten!

Übung

Setze die Reimwörter ein und unterstreiche die Wortstämme! Achte dabei darauf, wo der s-Laut steht!

Gasse – K............... – M...............

müssen – k...............

es passte – aber: die P...............

Lückendiktat:
Setze die richtigen Wörter in die Lücken ein!

mu......te, kü......en, e......en, mi......lingen, pa......te, la......en, verma......elte – Gurkenfa............ (zweimal), Flu......, Wa......er, Du......el, Stu......, Ga......en – be......er, kla......e, geri......en, unfa......bare – bi......chen

Der dicke Dennis hatte sich in Lena verliebt. Nicht nur ein ...., nein, Dennis konnte schon gar nichts mehr .... Da aber Lena bestimmt nur Helden .... würde, ... Dennis ein Held werden!

Er könnte sich todesmutig im .... den .... hinunterstürzen. Das wäre ein Ding! Die Idee war ...., da konnte nichts .... Nick fand das ....

Am nächsten Mittag kündigte Nick in allen .... die Heldenschau an. Da traf er auch Lena und Kim. Das .... ja prima!

Dennis wartete inzwischen im ...., das, an eine Leine gebunden, auf dem .... schaukelte. Ob es nicht .... wäre, diesen .... bleiben zu ....? Da schlief der .... ein und .... alles.

Lösung:

Übung:
Gasse – Kasse – Masse
müssen – küssen
es passte – aber: die Paste

8 Der dösende Dennis im Gurkenfass

Regel 2   Der s-Laut wird **nach langem Vokal** s oder ß geschrieben. Wird der s-Laut **stimmlos** gesprochen, steht meistens ß.

Beispiele

grüßen	Soße	Straße	fließen	Strauß
Füße	groß	vergaß	gießen	draußen
süß	bloß	Maße	weiß	außer
büßen	Schoß	Spaß	Schweiß	außen

Teil 2

Dennis kriegt feuchte Füße

Das Halteseil war aufgegangen! | Dennis erschrak maßlos. | Er trieb vom Ufer ab! | Da er auf keinem großen Floß saß, | warfen ihn die Wellen hin und her. |

Der dicke Dennis bekam feuchte Füße. | Das Wasser brach wie aus Gießkannen | über ihn herein. | Das war kein Spaß mehr! | Nun büßte er für seinen Leichtsinn! |

Von der Uferstraße kamen Nick, | Kim und Lena gerannt. | Sie sahen Dennis | die Fluten hinunterschießen. | Dennis vergaß vor Angst alles | und schrie mit weißem Gesicht laut um Hilfe. |

Schließlich konnte Lena das Halteseil greifen | und den Kloß ans rettende Ufer weisen. | Eine grüne Algensoße klebte an Dennis. | Kichernd begrüßten die Mädchen den Helden. |

Was sollte er der süßen Lena | jetzt bloß sagen?

(114 Wörter)

Auf geht's!   Schreibe das Diktat ab!

Der dösende Dennis im Gurkenfass

Tipp

Wenn du dir bei einem Wort nicht sicher bist, ob der *s*-Laut darin stimmlos gesprochen wird, kann dir die **Verlängerungsprobe** helfen: Zum Beispiel wird *Fuß* zu *Füße* verlängert, *Spaß* zu *Späße* usw. Bei den verlängerten Wörtern hörst du manchmal deutlicher, wie der *s*-Laut ausgesprochen wird.

Übung

Wende bei den folgenden Wörtern die Verlängerungsprobe an!

groß geht auch noch ...., *Gruß* kommt von ....,
ein *Floß* und viele ...., er *vergaß*, aber auch wir ....,
das *Gieß* in *Gießkanne* kommt von ....

Lückendiktat:
Da fehlen Buchstaben! Fülle die Lücken aus!

Das Halteseil war aufgegangen! Dennis erschrak ma......los. Er trieb vom Ufer ab! Da er auf keinem gro......en Flo...... sa......, warfen ihn die Wellen hin und her.

Der dicke Dennis bekam feuchte Fü......e. Das Wasser brach wie aus Gie......kannen über ihn herein. Das war kein Spa...... mehr! Nun bü......te er für seinen Leichtsinn!

Von der Uferstra......e kamen Nick, Kim und Lena gerannt. Sie sahen Dennis die Fluten hinunterschie......en. Dennis verga...... vor Angst alles und schrie mit wei......em Gesicht laut um Hilfe.

Schlie......lich konnte Lena das Halteseil greifen und den Klo...... ans rettende Ufer weisen. Eine grüne Algenso......e klebte an Dennis. Kichernd begrü......ten die Mädchen den Helden.

Was sollte er der sü......en Lena jetzt blo...... sagen?

Hoppla

Hast du bemerkt: *weisen* ohne *ß*! Weißt du, warum?

Lösung

Übung:
größer, grüßen, Flöße, vergaßen, gießen

Hoppla:
s ist stimmhaft gesprochen.

10 Der dösende Dennis im Gurkenfass

Regel 3

Der s-Laut wird **nach langem Vokal** s oder ß geschrieben. Wird der s-Laut **stimmhaft** (gesummt) gesprochen, steht meistens ein einfaches s.

Beispiele

Hase	böse	lesen	sausen
Blase	dösen	gewesen	Pause
Nase	Brösel	Esel	lausig
rasen	lösen	Besen	Brause

Teil 3

Klamme Hosen statt roter Rosen

Dennis legte in klammen Hosen | und mit tropfender Nase | seine rosa Socken in der Wiese aus. | Er musste verschnupft niesen. | Bei allem Dusel, | das war eine lausige Heldenschau gewesen! |

Mit bösem Grausen | blickte Dennis in die tosenden Fluten. | Da würde er nicht noch einmal runterdüsen! | Nick und Kim lachten | noch immer über den Angsthasen. | Doch da säuselte Lena | Dennis leise ins Ohr, | sie wolle keinen | dösigen Helden im Gurkenfass, | sondern einen Blumenstrauß für ihre Zimmervase. |

Flugs war Dennis genesen! | Er hatte doch von der Blumenwiese | zum Selberpflücken gelesen. | Dennis verkaufte Nick sein Gurkenfass. | Der Erlös löste | das wesentliche Problem, | die Blumen auch bezahlen zu können. |

Diese Nacht träumte Dennis, | wie er und Lena | im Rosenbeet schmusen würden.

(117 Wörter)

Auf geht's!

Lies das Diktat laut! Versuche bei den blauen Wörtern, den s-Laut wirklich zu summen!

Der dösende Dennis im Gurkenfass

Tipp

In einigen Gegenden Deutschlands sprechen die Menschen den stimmhaften *s*-Laut nicht stimmhaft aus. Da kannst du dir weiterhelfen, indem du dir die Wörter mit stimmhaftem *s*-Laut nach ihren Wortfamilien merkst. Innerhalb einer Wortfamilie mit stimmhaftem *s* werden nämlich alle Wörter mit *s* geschrieben.

Übung 1 Ergänze die Wortfamilien!

Nase – nä....eln – genä....elt – na....eweis – Na....enloch – Na....horn

Leser – le....en – er lie....t – la.... – le....erlich – le....bar – die Le....ung

Tipp

Sicher hast du schon bemerkt, dass zu den langen Vokalen auch die Doppellaute *au, eu, ei*, die so genannten Diphthonge, gehören.

Übung 2 Suche Wörter für die Wortfamilien *sausen, preisen* und *schleusen*! Du kannst das Wörterbuch zu Hilfe nehmen.

Zwillingsdiktat:
Sprich das Diktat auf Kassette und schreibe es dann allein vom Band ab! Aber Vorsicht! Es hat sich einiges verändert!

Mit tropfender Nase und in klammen Hosen legt Dennis seine rosa Socken in der Wiese aus. Er muss verschnupft niesen. Bei allem Dusel, diese Heldenschau ist lausig gewesen!

Dennis blickt mit bösem Grausen in die tosenden Fluten. Da düst er nicht noch einmal runter! Noch immer lachen Nick und Kim über den Angsthasen. Doch Lena säuselt Dennis leise ins Ohr, sie wolle einen Blumenstrauß für ihre Zimmervase und keinen dösigen Helden im Gurkenfass.

Dennis ist flugs genesen! Er hat doch von der Blumenwiese zum Selberpflücken gelesen. Sein Gurkenfass verkauft Dennis an Nick. Das wesentliche Problem, die Blumen auch bezahlen zu können, ist durch den Erlös gelöst.

Dennis träumt diese Nacht, wie er und Lena im Rosenbeet schmusen würden.

Lösung

Übung 1:
Nase – näseln – genäselt – naseweis – Nasenloch – Nashorn;
Leser – lesen – er liest – las – leserlich – lesbar – die Lesung

12 Der dösende Dennis im Gurkenfass

❷ Das etwas drastische Wespenfest
ss oder s?

Regel 1 Der *s*-Laut wird **nach** einem **Konsonanten** immer *s* geschrieben.

Beispiele

Stöpsel	winseln	emsig	als
Insel	bremsen	flapsig	eins
Kurs	rätseln	fransig	erst
Ferse	grinsen	felsig	einst
Pinsel	aufhalsen	knacksend	falls

Teil 1

Ein Würstchen und ein halbes

Diesen Samstag war Markt. | Es herrschte emsiges Treiben. | Mal drückten sich die Leute vorsichtig, | mal schubsten sie sich, | nach Luft japsend, | oder traten sich ungehorsam auf die Fersen. | Jeder wollte ein günstiges Schnäppchen einheimsen. |

Dennis hopste von einem Bein auf das andere, | um den Krimskrams der Marktleute zu sehen. | Erst gab es Wirsing, | Erbsen und Linsen, | als Nächstes Pfirsiche und Schnäpse | aus ungespritztem Obst. | Dort versuchten lebendige Krebse, | aus ihren Behältern zu entkommen, | plumpsten aber immer wieder hinein. |

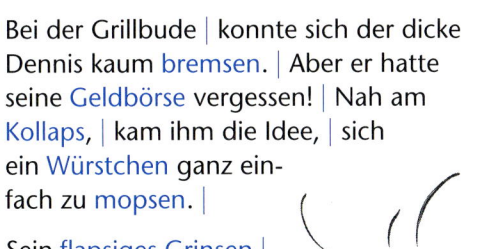

Bei der Grillbude | konnte sich der dicke Dennis kaum bremsen. | Aber er hatte seine Geldbörse vergessen! | Nah am Kollaps, | kam ihm die Idee, | sich ein Würstchen ganz einfach zu mopsen. |

Sein flapsiges Grinsen | sollte ihm aber alsbald vergehen.

(116 Wörter)

Auf geht's! Schreibe die blauen Wörter im Diktat ab!

Übung

Welche Wörter verstecken sich in diesem Buchstabensalat?

ipeslnn → .... süleH → ....

seAml → .... bmraslea → ....

eFres → .... snütggi → ....

sKru → .... slFe → ....

Lückendiktat:
Hier fehlen Buchstaben. Fülle die Lücken aus!

Diesen Sam......tag war Markt. Es herrschte em......iges Treiben. Mal drückten sich die Leute vorsichtig, mal schub......ten sie sich, nach Luft jap......end, oder traten sich ungehor......am auf die Fer......en. Jeder wollte ein gün......tiges Schnäppchen einheim......en.

Dennis hop......te von einem Bein auf das andere, um den Krim......kram...... der Marktleute zu sehen. Er......t gab es Wir......ing, Erb......en und Lin......en, al...... Näch......tes Pfir......iche und Schnäp......e aus ungespritztem Ob......t. Dort versuchten lebendige Kreb......e, aus ihren Behältern zu entkommen, plump......ten aber immer wieder hinein.

Bei der Grillbude konnte sich der dicke Dennis kaum brem......en. Aber er hatte seine Geldbör......e vergessen! Nah am Kollap......, kam ihm die Idee, sich ein Wür......tchen ganz einfach zu mop......en.

Sein flap......iges Grin......en sollte ihm aber al......bald vergehen.

Hoppla

Hast du bemerkt: *vergessen* mit *ss*! Weißt du, warum?

Lösung

Übung:
pinseln, Amsel, Ferse, Kurs, Hülse, abermals, günstig, Fels

Hoppla:
Bei *vergess-en* steht der s-Laut nach kurzem Vokal am Wortstammende.

14 Das etwas drastische Wespenfest

Regel 2

Der s-Laut **zwischen kurzem Vokal** und **p** oder **t** wird mit **einfachem s** geschrieben, wenn er **nicht am Ende des Wortstammes** steht.

Beispiele

Kast-en	auflist-en	lust-ig
Tast-e	rost-en	drast-isch
Wespe	raspel-n	west-lich
Frist	fast-en	knosp-end

Teil 2

Dem Würstchen wird's heiß

Beim Anblick der gegrillten Köstlichkeiten | konnte der dicke Dennis einfach nicht widerstehen. | Hätte er doch gefastet! | Warum musste er auch | nach verbotenen Rostbratwürsten tasten? |

Gerade biss er hinein, | da packte ihn ein Polizist | an seiner besten Weste. | Ein aufmerksamer Zeuge | belastete den Jungen schwer. | Jetzt half auch keine List mehr. | Dennis zitterte wie Espenlaub | und wisperte leise sein Stoßgebet. | Das war überhaupt nicht lustig! |

Da kam Lena mit einer Knuspertüte an. | Wie da die Wespen | um die Schokoraspeln tanzten. | Das war die Rettung! | Sofort schwirrten die Wespen | auch um die restlichen Marktbesucher | und lösten damit | fast eine Panik aus. | Einige piksten sogar | den Polizisten in die Brust. | Der fuchtelte hastig mit den Armen. | Sonst wäre Dennis nicht entkommen.

(118 Wörter)

Auf geht's!

Schreibe das Diktat ab!

Das etwas drastische Wespenfest

Tipp

Du musst genau auf die Wortstamm**enden** achten! Du findest das Wortstammende, indem du zum Beispiel das Wort verkleinerst oder vor ein Verb eine Person setzt.
Kasten wird dann zu *Käst-chen*, *raspeln* wird dann zu *ich rasp(e)l-e*.

Hoppla

Warum sind die *s*-Laute hier verschieden geschrieben:

In der Zeitung stand die Überschrift: „Der Räuber wurde fast gefasst".

**Lückendiktat:
Setze die Wörter in die entsprechenden Lücken!**

Espenlaub, Weste, Polizist, Brust, Knuspertüte, List, Rostbratwürsten, Köstlichkeiten, Wespen (zweimal), Schokoraspeln, Polizisten – wisperte, tasten, belastete, gefastet – lustig, hastig, restlichen, besten – fast

Beim Anblick der gegrillten _____ konnte der dicke Dennis einfach nicht widerstehen. Hätte er doch _____! Warum musste er auch nach verbotenen _____?

Gerade biss er hinein, da packte ihn ein _____ an seiner _____. Ein aufmerksamer Zeuge _____ den Jungen schwer. Jetzt half auch keine _____ mehr. Dennis zitterte wie _____ und _____ leise sein Stoßgebet. Das war überhaupt nicht _____!

Da kam Lena mit einer _____ an. Wie da die _____ um die _____ tanzten. Das war die Rettung! Sofort schwirrten die _____ auch um die _____ Marktbesucher und lösten damit _____ eine Panik aus. Einige piksten sogar den _____ in die _____. Der fuchtelte _____ mit den Armen. Sonst wäre Dennis nicht entkommen.

Lösung

Hoppla:
fast: zwar kurzer Vokal, aber Wortstammende *t*
gefasst: kurzer Vokal und Wortstammende *ss* von *fass-en*

Das etwas drastische Wespenfest

Regel 3

Die **Ersetzungsprobe** hilft dir zu entscheiden, ob du *das* oder *dass* schreiben musst:
das ist immer **ersetzbar**, entweder durch **dieses** oder **welches**,
die Konjunktion *dass* ist **nicht ersetzbar**.

Beispiele

> *Das Buch, **das** ich gerade lese, ist spannend.*
> → ***Dieses** Buch, **welches** ich gerade lese, ist spannend.*
>
> *Ich sagte, **dass** ich ein Buch lese.*
> Hier ergibt die Ersetzung mit *dieses* oder *welches* keinen Sinn.
> → *dass* mit *ss*

Teil 3

Die Flucht hat Folgen

Der dicke Dennis sprang mit Lena | durch das schmale Gässchen davon. | Dass Lena ihm geholfen hatte, | das war ja klasse! |

Das eine Mal | habe sie ihm nun geholfen, | das gehe schon in Ordnung. | Das sagte sie freundlich. | Aber dass das nicht noch einmal passiere, | das musste er ihr schwören. | Dennis schwor das | und auch das, | dass er ihr dies nie vergessen werde. | Dass er das | wirklich ernst meinte, | das glaubte sie ihm gern. |

Lena rückte nah an ihn. | Sie legte ihren Arm um Dennis und sagte, | dass er ihr zum Dank | das restliche Schuljahr | den Schulranzen tragen müsse. |

Aber das Herz des dicken Dennis | klopfte so laut, | dass er das gar nicht mehr hörte.

(114 Wörter)

Auf geht's! Schreibe das Diktat ab und ersetze dabei *das* durch *dieses* oder *welches*!

Das etwas drastische Wespenfest

Tipp

dass steht oft nach Verben wie *sagen* oder *denken*:

*Ich sage, **dass** du bleiben sollst.*
*Ich denke, **dass** es jetzt reicht.*

In diesen Fällen steht dann vor *dass* immer ein Komma!

Übung

Streiche im vorigen Diktat alle *dass* an! Dann vervollständige diese veränderten Sätze hier!

1. Das war ja klasse, _____ Lena ihm _____ .
2. Er musste ihr schwören, _____ das nicht _____ .
3. Er schwor auch, _____ er ihr dies _____ .
4. Sie glaubte ihm gern, _____ er das wirklich ernst meinte.
5. Sie sagte zu ihm, _____ er ihr zum Dank _____ .
6. Sein Herz klopfte so laut, _____ er das gar _____ .

Tüfteldiktat:
Hier wurden einige *s* zu viel gedruckt. Streiche die falschen *s* weg!

Der dicke Dennis sprang mit Lena durch dass schmale Gässchen davon. Dass Lena ihm geholfen hatte, dass war ja klasse!

Dass eine Mal habe sie ihm nun geholfen, dass gehe schon in Ordnung. Dass sagte sie freundlich. Aber dass dass nicht noch einmal passiere, dass musste er ihr schwören. Dennis schwor dass und auch dass, dass er ihr dies nie vergessen werde. Dass er dass wirklich ernst meinte, dass glaubte sie ihm gern.

Lena rückte nah an ihn. Sie legte ihren Arm um Dennis und sagte, dass er ihr zum Dank dass restliche Schuljahr den Schulranzen tragen müsse.

Aber dass Herz des dicken Dennis klopfte so laut, dass er dass gar nicht mehr hörte.

Lösung

Übung:
1. … dass Lena ihm geholfen hatte.
2. … dass das nicht noch einmal passiere.
3. … dass er ihr dies nie vergessen werde.
4. … dass er das wirklich ernst meinte.
5. … dass er ihr zum Dank das restliche Schuljahr den Schulranzen tragen müsse.
6. … dass er das gar nicht mehr hörte.

Tüfteldiktat:
Hast du alle 14 falschen *s* gefunden? Vergleiche deine Lösung genau.

Das etwas drastische Wespenfest

3 Die rasante Badewanne
Doppelkonsonant oder nicht?

Regel 1

Ein **Doppelkonsonant** steht nur nach einem **kurzen Vokal**, der betont ist.

Beispiele

Bett	Zimmer	trennen	göttlich
Bitte	Wanne	können	nett
Erinnerung	Pappe	gewinnen	zusammen
Sprosse	Futter	stottern	herrlich

Teil 1

Ein toller Fund

Diesen Sommer veranstaltete die Schule | einen Wettbewerb um die schnellste Seifenkiste. | Nick und der dicke Dennis | wollten zusammen daran teilnehmen | und das Rennen gewinnen. |

Gleich nach dem Mittagessen | rannte Dennis zu Nick. | Sie mussten schnell beginnen, | Bretter und Latten zu sammeln. | Nick kam der Schrottplatz | von Alteisen-Heinz in den Sinn! | Dort fänden sie bestimmt etwas. |

Trotz des Regenwetters | zogen die Rennfahrer los | und fanden in all dem Müll | herrliche Bauteile für ihre Seifenkiste: | eine Fahrradkette, | eine kaputte Taschenlampe | und sogar Gummiräder eines Schubkarrens. |

Und was war das? | Da gammelte eine alte Badewanne vor sich hin! | Die schleppten sie zu Nick nach Hause, | in dessen Zimmer | sie ihre Werkstatt einrichten wollten. |

Ihr gemeinsamer Sieg war beschlossene Sache!

(116 Wörter)

Auf geht's! Lies das Diktat laut und achte besonders auf die Betonung der kurzen Vokale!

Übung Bilde dazugehörige Substantive!

mütterlich, göttlich, bitten, erinnern, ketten, füttern, sinnlich, männlich

....

....

**Lückendiktat:
Fülle die Lücken aus!**

Diesen So........er veranstaltete die Schule einen We........bewerb um die schne........ste Seifenkiste. Nick und der dicke De........is wo........ten zusa........en daran teilnehmen und das Re........en gewi........en.

Gleich nach dem Mi........age........en ra........te De........is zu Nick. Sie mu........ten schne........ begi........en, Bre........er und La........en zu sa........eln. Nick kam der Schro........platz von Alteisen-Heinz in den Si........! Dort fänden sie besti........t etwas.

Trotz des Regenwe........ers zogen die Re........fahrer los und fanden in a........ dem Mü........he........liche Bauteile für ihre Seifenkiste: eine Fahrradke........e, eine kapu........e Taschenlampe und sogar Gu........iräder eines Schubka........ens.

Und was war das? Da ga........elte eine alte Badewa........e vor sich hin! Die schle........ten sie zu Nick nach Hause, in de........en Zi........er sie ihre Werksta........ einrichten wo........ten.

Ihr gemeinsamer Sieg war beschlo........ene Sache!

Ausnahme

Es gibt allerdings auch Wörter mit kurzen betonten Vokalen, ohne dass eine Konsonantenverdoppelung stattfindet: *hin, ab, bis, was, bin,* ebenso nicht bei *un-* oder *an-*: **un**anständig, **Un**wetter, **un**wirksam, **un**bemerkt, **an**ecken, **an**halten, **An**stand.

Lösung

Übung:
Mutter, Gott, Bitte, Erinnerung, Kette, Futter, Sinn, Mann

20 Die rasante Badewanne

Regel 2

Ein **Doppelkonsonant** steht **nie** nach einem **langen Vokal** oder einem **Diphthong**.

Beispiele

Knoten	Raum	jagen	staunen	rot
Puder	Auto	lesen	schäumen	tot
Süden	Daumen	rasen	reisen	sauber
Verbot	Seife	mogeln	zielen	gezogen

Teil 2

Das große Schrauben nimmt seinen Lauf

Der Tag des Seifenkistenrennens kam näher. | Es war verboten, | einen Motor einzubauen. | Da durfte nicht gemogelt werden. | Nick und der dicke Dennis | grübelten lange, | aber dann war der Plan fertig. |

Zügig schraubten sie | ihre Seifenkiste zusammen. | An die Badewanne aus Eisen | wurden mit Haken und Ösen | die Räder befestigt, | ein Besenstiel diente als Lenksäule. |

Zur Probefahrt ging es | in der Kiesgrube den Berg hinunter. | Die Jungen staunten nicht schlecht | über ihre Seifenkiste und jubelten. | Das war ein heißer Ofen! |

Am Abend vor dem Rennen | malten sie noch blaue Karos dran | und tauften ihre Seifenkiste | „Rasender Todesrenner". | Das hörte sich gefährlich an | und würde den anderen Teilnehmern Angst einjagen. |

Diese Nacht konnten Nick und Dennis kaum schlafen.

(116 Wörter)

Auf geht's! Schreibe das Diktat ab!

Die rasante Badewanne

Tipp

Die Diphthonge *au, eu, ei, äu* gelten als lange Vokale. Nach ihnen kann nie ein Doppelkonsonant stehen. Bei den anderen Vokalen musst du genau hinhören, ob sie lang gesprochen werden.

Übung

Lies die Wörter laut und unterstreiche die langen Vokale!

Rute	Luke	Besen	Puder	Jugend	Primel	Probe	Ruder
kneten	rasen	rufen	beten	vertreten	jagen	mogeln	verboten
mutig	rot	prüde	tödlich	schläfrig	müde	löblich	belesen

Zwillingsdiktat:
Sprich das Diktat auf Kassette und schreibe es dann allein vom Band ab! Aber Vorsicht! Es hat sich einiges verändert!

Der Tag des Seifenkistenrennens kommt näher. Es ist verboten, einen Motor einzubauen. Da darf nicht gemogelt werden. Nick und der dicke Dennis grübeln lange, aber dann ist der Plan fertig.

Zügig schrauben sie ihre Seifenkiste zusammen. An die Badewanne aus Eisen werden mit Haken und Ösen die Räder befestigt, ein Besenstiel dient als Lenksäule.

Zur Probefahrt geht es in der Kiesgrube den Berg hinunter. Die Jungen staunen nicht schlecht über ihre Seifenkiste und jubeln. Das ist ein heißer Ofen!

Am Abend vor dem Rennen malen sie noch blaue Karos dran und taufen ihre Seifenkiste „Rasender Todesrenner". Das hört sich gefährlich an und wird den anderen Teilnehmern Angst einjagen.

Diese Nacht können Nick und Dennis kaum schlafen.

Hoppla

Hast du gesehen, dass im letzten Satz *können* mit zwei *n* geschrieben steht? Warum nicht mit einem?

Lösung

Übung:
Rute, Luke, Besen, Puder, Jugend, Primel, Probe, Ruder
kneten, rasen, rufen, beten, vertreten, jagen, mogeln, verbote[n]
mutig, rot, prüde, tödlich, schläfrig, müde, löblich, belesen

Hoppla:
Weil mit ö ein kurzer betonter Vokal vorausgeht.

Die rasante Badewanne

Regel 3

Nach einem kurzen Vokal steht **kein Doppelkonsonant**, wenn **im Wortstamm** noch ein **weiterer Konsonant** folgt (Konsonantenhäufung).

Beispiele

Hand	Holz	wirken	hart
Karte	Panzer	warten	munter
Land	Maske	halten	oft
Kork	Kind	torkeln	endlich

Teil 3

Ein Fehlstart beendet das Rennen

Heute fand im Park | das Seifenkistenrennen statt. | Die Kinder waren außer Rand und Band | und bestaunten | die kunterbunten Rennwagen am Start. | Dennis und Nick hatten schon Lampenfieber. |

Lena und Kim wollten | von den tollkühnen Rennfahrern ein Foto knipsen. | Der stolze Nick versuchte sofort, | in die Seifenkiste zu hopsen. | Doch Dennis schubste | seinen Kumpel zur Seite. | Das ließ sich Nick nicht gefallen | und rempelte Dennis heftig an. | Der torkelte und plumpste, | die Stupsnase voraus, | in ihren Renner hinein. | Dieser Mops! | Nick wollte ihn festhalten, | aber da rutschte der Bremsklotz heraus! | Jetzt purzelte auch Nick | kopfüber hinein. |

Die Badewanne rumpelte davon. | Zu sehen waren nur die strampelnden Beine | der beiden Streithähne. | Am Ende dieser rasanten Sturmfahrt | humpelten sie schimpfend nach Hause.

(119 Wörter)

Auf geht's!

Schreibe die blauen Wörter im Diktat ab!

Die rasante Badewanne

Tipp

Achte darauf, ob es sich wirklich um eine Konsonantenhäufung im **Wortstamm** handelt oder ob es nur **ein** Konsonant am **Wortstammende** ist und ein weiterer **zur Endung** gehört!

Konsonantenhäufung: *den Wagen anhalt-en*
keine Konsonantenhäufung, da Doppelkonsonant: *die Rufe hall-ten*

Lückendiktat:
Setze die Wörter in die entsprechenden Lücken ein!

Pa....k, Bre....sklotz, Ba....d, E....de, La....penfieber, Ku....pel, Stu....snase, Mo....s, Sta....t, Stu....mfahrt, Ra....d, Ki....der, fe....tha....ten, ho....sen, re....pelte, to....kelte, plu....pste, hu....pelten, ru....schte, fa....d, pu....zelte, ru....pelte, schu....ste, kni....sen – schi....pfend, he....tig, sto....ze, stra....pelnden, ku....terbu....ten, rasa....ten – sofo....t

Heute .... im .... das Seifenkistenrennen

statt. Die .... waren außer .... und

.... und bestaunten die .... Rennwagen

am .... Dennis und Nick hatten schon ....

Lena und Kim wollten von den tollkühnen Rennfahrern ein Foto ....

Der .... Nick versuchte .... , in die

Seifenkiste zu .... Doch Dennis ....

seinen .... zur Seite. Das ließ sich Nick nicht gefallen und

.... Dennis .... an. Der

.... und .... , die ....

voraus, in ihren Renner hinein. Dieser .... ! Nick wollte ihn

.... , aber da .... der

.... heraus! Jetzt .... auch Nick kopfüber hinein.

Die Badewanne .... davon. Zu sehen waren nur die

.... Beine der beiden Streithähne. Am ....

dieser ....

sie .... nach Hause.

Die rasante Badewanne

4 Bei drückender Hitze tanzen die Schnaken
k oder *ck*? *z* oder *tz*?

Regel 1 *ck* bzw. *tz* steht nur **nach** einem **kurzen betonten Vokal**.

Beispiele

Rü*ck*en	zu*ck*en	Ta*tz*e	pu*tz*en
E*ck*e	schme*ck*en	Pfü*tz*e	si*tz*en
A*ck*er	ba*ck*en	Tro*tz*	glo*tz*en
Glo*ck*e	schi*ck*en	Hi*tz*e	nü*tz*en

Teil 1

Ab ins Wochenende

Wochenende! | Lena und Kim wollten | auf dem entzückenden Zeltplatz am See | trotz der drückenden Hitze | Sonne tanken, | abends am knackenden Lagerfeuer sitzen, | eingeritzte Würstchen brutzeln | und Witze erzählen. |

Zu diesem Zweck | packten sie ihre Rucksäcke | mit nützlichen Dingen: | dicke Jacken und warme Socken für den Abend, | Luftmatratzen und Decken für die Nacht, | Mützen als Sonnenschutz | und ein Dutzend Päckchen Lakritze. | Kim war schon schrecklich abgehetzt, | so hatten sie sich abgerackert. | Da musste man ja ein Kraftprotz sein! | Doch bei Lena durfte man nicht motzen. |

Ein letzter Schluck aus der Feldflasche, | das Gepäck auf den Rücken | und los ging's. | Augenblicke später | rückten ganz in der Ferne | dicke Wolken heran, | aber das machte | die schwitzenden Mädchen nicht stutzig.

(116 Wörter)

Auf geht's! Schreibe die blauen Wörter im Diktat ab und ordne sie in einer Tabelle nach *ck* und *tz*!

Tipp

Du musst darauf achten, ob der vorangehende Vokal betont oder unbetont ist!

Übung

Unterstreiche bei den folgenden Wörtern die betonten Vokale!

| tapezieren | spazieren | Bezirk | Rezept | Kapuziner |
| spekulieren | kokettieren | Sekunde | Rakete | Plakat |

Lückendiktat:
Hier fehlen *tz* und *ck*. Fülle zunächst alle Lücken, in denen *tz* stehen muss! Nach einer zehnminütigen Pause füllst du die Lücken, in denen *ck* stehen muss!

Wochenende! Lena und Kim wollten auf dem entzü.......enden Zeltpla....... am See tro....... der drü.......enden Hi.......e Sonne tanken, abends am kna.......enden Lagerfeuer si.......en, eingeri.......te Würstchen bru.......eln und Wi.......e erzählen.

Zu diesem Zwe....... pa.......ten sie ihre Ru.......sä.......e mit nü.......lichen Dingen: di.......e Ja.......en und warme So.......en für den Abend, Luftmatra.......en und De.......en für die Nacht, Mü.......en als Sonnenschu....... und ein Du.......end Pä.......chen Lakri.......e. Kim war schon schre.......lich abgehe.......t, so hatten sie sich abgera.......ert. Da musste man ja ein Kraftpro....... sein! Doch bei Lena durfte man nicht mo.......en.

Ein le.......ter Schlu....... aus der Feldflasche, das Gepä....... auf den Rü.......en und los ging's. Augenbli.......e später rü.......ten ganz in der Ferne di.......e Wolken heran, aber das machte die schwi.......enden Mädchen nicht stu.......ig.

Lösung

Übung:
tapezieren spazieren Bezirk Rezept Kapuziner
spekulieren kokettieren Sekunde Rakete Plakat

26 Bei drückender Hitze tanzen die Schnaken

Regel 2

ck bzw. tz steht **nie nach** einem **Konsonanten**, einem **langen Vokal** oder einem **Diphthong**. In diesen Fällen schreibt man **k** bzw. **z**.

Beispiele

Tanz	scherzen	Schrank	sinken
Ozean	duzen	Laken	ekeln
Schnauze	geizen	Pauke	vorgaukeln

Teil 2

Die Schnaken sind auch schon da

Das Zelt stellten die Mädchen | zwischen rankenden Pflanzen | ganz nah am See auf. | Was für eine reizvolle Landschaft! | Nur die ewig tanzenden Schnaken | waren ganz ekelhaft. |

Um sie zu vertreiben, | band Kim würzig stinkende Kräuterkränzchen | und musste dauernd ihre Nase schnäuzen. | Lena schaukelte | auf den schwankenden Planken des Stegs | und warf ihren Angelhaken aus. | Sie könnte zukünftig die Schule schwänzen | und für immer hier bleiben. | Es fehlten nur noch Kokosnüsse! | Lena kannte nämlich ein Rezept | für hochprozentigen Likör. | So gaukelte es Lena ihrer Freundin vor | und das war natürlich nichts als Klamauk. |

Dann flunkerte Kim. | War der See gar ein Ozean? | Vielleicht gab es dazu auch noch Krokodile? |

Plötzlich donnerte es wie Paukenschläge! | Ein richtiger Orkan zog auf! |

(119 Wörter)

Auf geht's!

Schreibe das Diktat ab!

Bei drückender Hitze tanzen die Schnaken

Übung

Schreibe die Wörter richtig, indem du die vertauschten Silben ordnest!

kenSchna	kenHa	kelE	bauRake	kosnüsKose
leikeGau	zeDampfwal	zerSchnau	zepuKa	terchenkränzKräu
gekeltaufta	kelhei	ehaftkel	kenschwan	kentan
volreizle	zuda	geiehrzig	zigwür	zenhochtigpro

Zwillingsdiktat:

Schreibe die blauen Wörter im Diktat ab und ordne sie dabei in eine Tabelle nach *k* und *z*.

Das Zelt stellten die Mädchen zwischen rankenden Pflanzen ganz nah am See auf. Was für eine reizvolle Landschaft! Nur die ewig tanzenden Schnaken waren ganz ekelhaft.

Um sie zu vertreiben, band Kim würzig stinkende Kräuterkränzchen und musste dauernd ihre Nase schnäuzen. Lena schaukelte auf den schwankenden Planken des Stegs und warf ihren Angelhaken aus. Sie könnte zukünftig die Schule schwänzen und für immer hier bleiben. Es fehlten nur noch Kokosnüsse! Lena kannte nämlich ein Rezept für hochprozentigen Likör. So gaukelte es Lena ihrer Freundin vor und das war natürlich nichts als Klamauk.

Dann flunkerte Kim. War der See gar ein Ozean? Vielleicht gab es dazu auch noch Krokodile?

Plötzlich donnerte es wie Paukenschläge! Ein richtiger Orkan zog auf!

Hoppla

Hast du bemerkt, dass *plötzlich* mit *tz* geschrieben ist? Kannst du erklären, warum?

Lösung

Übung:
Schnaken, Haken, Ekel, Rabauke, Kokosnüsse
Gaukelei, Dampfwalze, Schnauzer, Kapuze, Kräuterkränzchen
aufgetakelt, heikel, ekelhaft, schwanken, tanken
reizvolle, dazu, ehrgeizig, würzig, hochprozentig

Hoppla:
Weil der Vokal ö kurz und betont ist.

Bei drückender Hitze tanzen die Schnaken

Regel 3

Auf einen Blick:
ck / tz → nach **kurzem Vokal**
k / z → nach **langem Vokal, Diphthong** oder nach einem **Konsonanten**

Teil 3

Ein Zelt in Seenot

Wilde Blitze zuckten am Himmel. | Der Wind rüttelte | so schrecklich an den Bäumen, | dass sie ganz schön wankten. | Au Backe, | das wurde heikel! |

Kim erschrak, | aber fackelte nicht lange | und stürzte ins Zelt. | Wie verrückt winkte sie Lena. | Die Erdhaken rissen schon aus! | Jeden Augenblick | konnten die Zeltstangen umknicken. | Lena flitzte hinzu. | Nur keine Hetze! |

Überall entstanden schmutzige Pfützen. | Der Regen spritzte ins Zelt. | Zum Glück boten die Jacken mit den Kapuzen | ausreichend Schutz. |

Doch so plötzlich, | wie das Unwetter über sie hereingebrochen war, | zog sich der Spuk jetzt wieder zurück. | Die Sonne vertrieb kurz darauf | die schwarze Wolkendecke. | Lena und Kim setzten sich zum Trocknen | auf eine hölzerne Parkbank und scherzten: | dann doch lieber Mücken und Schnaken.

(118 Wörter)

Auf geht's!

Schreibe die blauen Wörter mit *k* und *z* im Diktat in deine Tabelle von Teil 2 ab!
Morgen vervollständigst du deine Tabelle von Teil 1 mit den blauen Wörtern aus dem Diktat von Teil 3, die *ck* und *tz* enthalten.

Bei drückender Hitze tanzen die Schnaken

Übung   Hier sollst du reimen!

winken → tr............   heizen → r............   glänzen → schw............

Decke → Z............   Katze → T............   Haken → L............

Tüfteldiktat:
Setze zunächst z, tz, k und ck in die richtigen Wortlücken ein!

Schna......en, Glü......, Mü......en, Par......ban......, Augenbli......, Tro......nen, Wol......ende......e, Spu......, Ja......en, Ba......e, Kapu......en, Schu......, He......e, Erdha......en, Bli......e, Pfü......en – zu......ten, erschra......, fa......elte, stür......te, win......te, umkni......en, se......ten, fli......te, scher......ten, spri......te, wan......ten – schre......lich, verrü......t, hei......el, schmu......ige, schwar......e, höl......erne, plö......lich, kur...... – je......t, zurü......, gan......

Schreibe jetzt das Diktat ab und ersetze dabei nacheinander:
XX → Substantive mit ck oder tz;
xx → alle anderen Wortarten mit ck oder tz;
YY → Substantive mit k oder z;
yy → alle anderen Wortarten mit k oder z.
Nimm auch deine beiden Tabellen zu Hilfe!

Wilde XX xx am Himmel. Der Wind rüttelte so xx an den Bäumen, dass sie yy schön yy. Au XX, das wurde yy!

Kim yy, aber xx nicht lange und yy ins Zelt. Wie xx yy sie Lena. Die YY rissen schon aus! Jeden XX konnten die Zeltstangen xx. Lena xx hinzu. Nur keine XX!

Überall entstanden xx XX. Der Regen xx ins Zelt. Zum XX boten die XX mit den YY ausreichend XX.

Doch so xx, wie das Unwetter über sie hereingebrochen war, zog sich der YY xx wieder xx. Die Sonne vertrieb yy darauf die yy XX-YY. Lena und Kim xx sich zum XX auf eine yy YY und yy: dann doch lieber XX und YY.

Lösung Übung:
winken → trinken   Decke → Zecke
heizen → reizen   Katze → Tatze
glänzen → schwänzen   Haken → Laken

Bei drückender Hitze tanzen die Schnaken

5 In Siebenmoos spuken die Ahnen
Lange Vokale 1

Regel 1

Der **lange *i*-Laut** wird meistens *ie* geschrieben.

Beispiele

Ziel	spielen	ziemlich	friedlich	ließen
Krieger	siegen	wie	mies	gerieben
Liebe	fließen	wieder	bieder	fielen
Lieder	frieren	viele	niedrig	geblieben

Teil 1

Geister im Verlies

Die Kinder hielten sich mal wieder | in der hiesigen Burgruine Siebenmoos auf. | Hier gefiel es allen ziemlich gut. |

Dennis und Nick versteckten sich unten im Verlies. | Denn Nick hatte den fiesen Einfall, | als miese Burggeister | die zierlichen Mädchen zu erschrecken. | Lena spielte mit Kim | im hellen Burghof liebliche Burgfräulein. | Sie liefen tanzend herum | und sangen viele lustige Lieder. |

Plötzlich ertönte schauriges Geheul! | Kim fiel schier in Ohnmacht | und wollte fliehen. | Hätten sie die verwunschenen Gemäuer | doch lieber gemieden! | Riefen da wirklich Geister um Hilfe? |

Lena wollte dies unbedingt herausfinden. | Sie fasste Kim bei der Hand | und gemeinsam stiegen sie auf der Steintreppe | in die dunkle Tiefe. | Eine modrige Brise blies ihnen entgegen.

(112 Wörter)

Auf geht's! Lies das Diktat laut und achte auf den langen *i*-Laut!

Tüfteldiktat:
Hier wurden Buchstaben vergessen. Schreibe das Diktat ab und ersetze dabei XX durch die richtige Schreibung des *i*-Lautes!

DXX Kinder hXXlten sich mal wXXder in der hXXsigen Burgruine SXXbenmoos auf. HXXr gefXXl es allen zXXmlich gut.

Dennis und Nick versteckten sich unten im VerlXXs. Denn Nick hatte den fXXsen Einfall, als mXXse Burggeister dXX zXXrlichen Mädchen zu erschrecken. Lena spXXlte mit Kim im hellen Burghof lXXbliche Burgfräulein. SXX lXXfen tanzend herum und sangen vXXle lustige LXXder.

Plötzlich ertönte schauriges Geheul! Kim fXXl schXXr in Ohnmacht und wollte fliehen. Hätten sXX dXX verwunschenen Gemäuer doch lXXber gemXXden! RXXfen da wirklich Geister um Hilfe?

Lena wollte dXXs unbedingt herausfinden. SXX fasste Kim bei der Hand und gemeinsam stXXgen sXX auf der Steintreppe in dXX dunkle TXXfe. Eine modrige Brise blXXs ihnen entgegen.

Hoppla
Hast du's gemerkt? Im Diktat kommen vier Wörter mit einem langen *i*-Laut vor, die aber nicht mit *ie* geschrieben sind, sondern womit?

Ausnahme
Es gibt also auch Wörter mit **langem *i*-Laut**, die aber nur mit einfachem *i* oder mit *ieh* geschrieben werden. Wann immer du ein solches Wort findest, musst du es dir einprägen, denn eine einfache Regel gibt es dafür nicht!

Wörter mit *ieh* sind zum Beispiel:

fl*ieh*en	z*ieh*en	w*ieh*ern
V*ieh*	verl*ieh*en	s*ieh* nur!

Wörter mit einfachem *i* sind zum Beispiel:

Prise	Krise	Biber
Bibel	Augenlid	Stil
widerlich	biblisch	erwidern

Wetten, du findest im Wörterbuch noch mehr?

Hoppla:
Burgruine und *Brise* mit einfachem *i*, *ihnen* mit *ih* sowie *fliehen* mit *ieh*.

Regel 2

Nach einem **einfachen langen Vokal** steht oft ein **Dehnungs-*h*** – aber nicht immer!
Das Dehnungs-*h* steht vor allem, wenn der **Wortstamm** auf ***l*, *m*, *n*** oder ***r*** endet.

Beispiele

Zahl ✓	Mehl ✓	lehr-en ✓	wahr ✓
Ohr-en ✓	Ehr-e ✓	nehm-en ✓	sahn-ig ✓
Lehm ✓	Stuhl ✓	vermähl-en ✓	sehn-süchtig ✓
Uhr ✓	Rahm ✓	Wohn-ung ✓	vermehr-t ✓

Teil 2

Zwei Mädchen werden Geisterjäger

Lena und Kim schlichen zum Verlies hinab. | Kim sehnte sich ehrlich nach ihrer Mama. | Oh nein, | sie hatte es doch mehrmals geahnt: | In Siebenmoos spukte es! |

Lena spitzte die Ohren. | Die Burggeister lachten höhnisch herauf. | Kim fühlte ihr Herz im Halse pochen | und lehnte sich ängstlich an Lena. | Gegen Gespenster in der Überzahl | könnten sie sich wahrlich nicht wehren. | Sollten sie nicht lieber umkehren? |

Aber Lena hatte nie Angst. | Sie blickte verstohlen auf ihre Uhr: | Jetzt war ja wohl noch keine Geisterstunde! | Das johlende Geheul ähnelte auch sehr | den Stimmen ihrer spitzbübischen Gefährten | Dennis und Nick. |

Na warte! | Lena packte der Jähzorn: | Die falschen Ahnen, | die da im Verlies wohnten, | sollten eine gebührende Lehre erhalten.

(115 Wörter)

Auf geht's!

Lies das Diktat laut und achte dabei auf die langen Vokale!

In Siebenmoos spuken die Ahnen

Lückendiktat:
Fülle die Lücken aus!

Lena und Kim schlichen zum Verlies hinab. Kim se___nte sich e___rlich nach i___rer Mama. O___ nein, sie hatte es doch me___rmals gea___nt: In Siebenmoos spukte es!

Lena spitzte die O___ren. Die Burggeister lachten hö___nisch herauf. Kim fü___lte i___r Herz im Halse pochen und le___nte sich ängstlich an Lena. Gegen Gespenster in der Überza___l könnten sie sich wa___rlich nicht we___ren. Sollten sie nicht lieber umke___ren?

Aber Lena hatte nie Angst. Sie blickte versto___len auf i___re U___r: Jetzt war ja wo___l noch keine Geisterstunde! Das jo___lende Geheul ä___nelte auch se___r den Stimmen i___rer spitzbübischen Gefä___rten Dennis und Nick.

Na warte! Lena packte der Jä___zorn: Die falschen A___nen, die da im Verlies wo___nten, sollten eine gebü___rende Le___re erhalten.

Hoppla

Ist dir das Wort *spuken* aufgefallen? Es wird ohne Dehnungs-*h* geschrieben, obwohl das *u* darin lang gesprochen wird. Wenn du die Regel genau liest, weißt du, warum das so ist. Du wirst später noch mehr darüber erfahren.

Ausnahme

Aber auch bei Wörtern, deren Wortstämme auf *l, m, n* oder *r* enden und lange Vokale beinhalten, kann es vorkommen, dass **kein** Dehnungs-*h* steht. Wann immer dir ein solches begegnet, präge es dir ein!

Solche Wörter sind zum Beispiel:

Stil   *Plan*   *Kran*   *Nam-e*   *Natur*

Hoppla:
Weil der Wortstamm nicht auf *l, m, n* oder *r* endet.

In Siebenmoos spuken die Ahnen

Regel 3

Lange Vokale werden nicht immer mit Dehnungs-*h* geschrieben. In manchen Fällen werden die **Vokale verdoppelt**.

Beispiele

Beeren	teeren	haarig
Paar	ausleeren	waagerecht
Fee	aalen	doof
Moor	ausbooten	moosig

Teil 3

Die Entlarvung

Die Mädchen standen noch immer | auf der moosigen Steintreppe. | Lena hatte eine aalglatte Idee, | um Dennis und Nick, | dieses Paar Spitzbuben, | reinzulegen. |

Lena pfiff haarsträubend laut | in ihre leere Faust hinein. | Das scheuchte ganze Heerscharen von Fledermäusen auf. | Der reinste Geistersaal! | Dennis und Nick dachten, | die Aasgeier kämen, | um ihre Seelen zu holen! |

Zuerst rutschten die Jungen | auf dem glitschigen Teeranstrich | des nicht mehr ganz waagerechten Steinbodens aus. | Aber dann stürmten sie Hals über Kopf nach draußen. | Dort purzelten sie vor den wartenden Mädchen doof in den Klee. |

Nun mussten alle lachen. | Mit ihrem Schlauchboot ruderten die Kinder | über den See zurück nach Hause. | Dort kochten sie zur Versöhnung | einen Tee aus frischen Waldbeeren.

(114 Wörter)

Auf geht's!

Schreibe die blauen Wörter im Diktat ab und ordne sie dabei in einer Tabelle nach den Doppelvokalen!

In Siebenmoos spuken die Ahnen

Tipp

Es gibt nicht so viele Wörter mit Doppelvokalen. Es ist daher sinnvoll, wenn du dir einige merkst und dabei an Wortfamilien denkst.

Übung

Vervollständige die Lücken! Benutze ein Wörterbuch, wenn du Hilfe brauchst.

Substantiv	Verb	Adjektiv	Wortzusammensetzungen
			teerhaltig
	ver.........		**Moor**boden
			haarsträubend
			Leergut

Zwillingsdiktat:
Sprich das Diktat auf Kassette und schreibe es dann allein vom Band ab! Aber Vorsicht! Es hat sich einiges verändert!

Die Mädchen stehen noch immer auf der moosigen Steintreppe. Lena hat eine aalglatte Idee, um Dennis und Nick, dieses Paar Spitzbuben, reinzulegen.

Lena pfeift haarsträubend laut in ihre leere Faust hinein. Das scheucht ganze Heerscharen von Fledermäusen auf. Der reinste Geistersaal! Dennis und Nick denken, die Aasgeier kämen, um ihre Seelen zu holen!

Zuerst rutschen die Jungen auf dem glitschigen Teeranstrich des nicht mehr ganz waagerechten Steinbodens aus. Aber dann stürmen sie Hals über Kopf nach draußen. Dort purzeln sie vor den wartenden Mädchen doof in den Klee.

Nun müssen alle lachen. Mit ihrem Schlauchboot rudern die Kinder über den See zurück nach Hause. Dort kochen sie zur Versöhnung einen Tee aus frischen Waldbeeren.

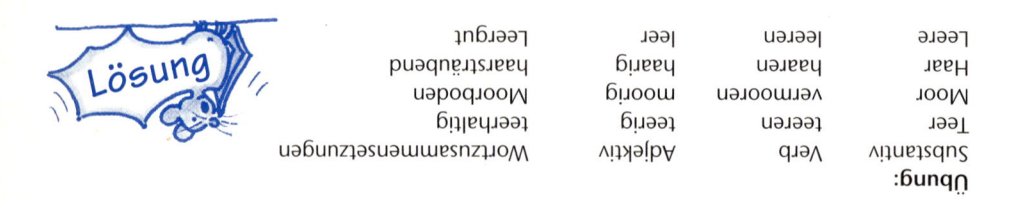

Lösung

Übung:

Substantiv	Verb	Adjektiv	Wortzusammensetzungen
Teer	teeren	teerig	teerhaltig
Moor	vermooren	moorig	Moorboden
Haar	haaren	haarig	haarsträubend
Leere	leeren	leer	Leergut

36 In Siebenmoos spuken die Ahnen

6 Die tadelhafte Reise zum Mond
Lange Vokale 2

Regel 1

Lange Vokale werden nicht immer mit Dehnungs-*h* geschrieben. Es steht **kein Dehnungs-*h***, wenn der **Wortstamm** auf einen anderen Buchstaben als *l, m, n* oder *r* endet.

Beispiele

Mond	blas-en	müd-e
Reg-en	spuk-en	tot
Gras	dös-en	gut
Krug	mog-eln	verbot-en

Teil 1

Der Weltraumwicht

Nick lag gemütlich im Gras. | Die Wolken zogen gemächlich | über ihn hinweg | und boten ein stilles Schauspiel. | So hoch flöge er auch gern! |

Während der süße Duft der wilden Blüten | in seine Nase stieg, | wurde der gute Nick immer schläfriger ... |

Plötzlich erschak Nick! | Da stand ein rosa Marsmännchen in der Wiese | und aß gefräßig vom Löwenzahn. | Nick traute seinen müden Augen nicht. | Da lud ihn der Vielfraß auf einen Flug zum Mond ein. | Das konnte wohl nicht wahr sein! | Pünktlich zum Abendbrot seien sie zurück, | versicherte der freundliche Weltraumkobold. |

Nick fasste seinen ganzen Mut zusammen. | Sie stiegen in das Raumschiff, | das einer großen Blechdose ähnelte. | Dann hoben sie ab, | und es ging los.

(114 Wörter)

Auf geht's! Schreibe das Diktat ab!

Tipp

Jetzt kennst du auch den Grund, warum *spuken* in der vorigen Geschichte (Teil 2) **nicht** mit **Dehnungs-h** geschrieben wurde, oder? Wenn nicht, schau lieber noch mal nach!

Lückendiktat:
Fülle die Lücken mit den richtigen Wörtern und unterstreiche dann die langen Vokale!

Blechdose, Weltraumkobold, Blüten, Flug, Löwenzahn, Gras, Abendbrot, Nase, Mut, Vielfraß, Mond – hoben, lud, boten, aß, lag, zogen, flöge, erschrak – hoch, gute, großen, gemächlich, süße, müden, rosa, schläfriger, gefräßig, gemütlich, – so, los

Nick .... im ....
Die Wolken .... über ihn hinweg und .... ein stilles Schauspiel. .... er auch gern! Während der .... Duft der wilden .... in seine .... stieg, wurde der .... Nick immer .... … Plötzlich .... Nick! Da stand ein .... Marsmännchen in der Wiese und .... vom .... Nick traute seinen .... Augen nicht. Da .... ihn der .... auf einen .... zum .... ein. Das konnte wohl nicht wahr sein! Pünktlich zum .... seien sie zurück, versicherte der freundliche .... Nick fasste seinen ganzen .... zusammen. Sie stiegen in das Raumschiff, das einer .... ähnelte. Dann .... sie ab, und es ging ....

Hoppla

Die Wörter *wohl*, *ähneln* und *während* sind mit Dehnungs-h geschrieben. Weißt du warum? Beachte auch *stieg* und *stiegen*!

Lösung

Hoppla:
Sie haben lange Vokale und die Wortstämme enden auf *l*, *n* oder *r*: *wohl*, *ähn-eln* und *währ-end*. *Stieg* und *stiegen* verlängern den *i*-Laut mit *ie*.

38   Die tadelhafte Reise zum Mond

Regel 2

Lange Vokale werden nicht immer mit Dehnungs-*h* geschrieben. Es steht **kein Dehnungs-*h***, wenn der **Wortstamm** mit **qu, sch** oder ***t*** beginnt.

Beispiele

Schwur	*Tat*	*Quarz*	*schon*
Schub	*Tube*	*Quader*	*quer*
Schale	*Tafel*	*Quote*	*tun*
Schere	*Träne*	*quaken*	*quälend*

Teil 2

Schiffbruch auf dem Mond

Der Weltraumgnom gab volle Schubkraft. | Mit lautem Getöse | donnerte das schäbige Raumschiff in die Wolken. |

Das Ufo konnte von allein fliegen. | Nick und das grüne Männchen setzten sich in bequeme Sessel. | Dort gab es eine Tafel Weltraumschokolade aus der Tube. | Schon bald tratschten die beiden wie zwei alte Freunde. |

Plötzlich quäkten aus Lautsprechern quälende Töne! | Das Raumschiff legte sich schräg | und geriet schwer ins Trudeln! | Hatte der Motor Schaden erlitten? | Der Weltraumgnom schob alle Schalter auf Notlandung. | Schlagartig landete das Raumschiff! | Nick wurde nicht verschont | und purzelte quer durch die Kabine | zur schmalen Tür hinaus. |

Nicks Schädel brummte. | Er schämte sich nicht für seine Tränen. | Schiffbruch auf dem Mond! | Was sollten sie jetzt bloß tun?

(115 Wörter)

Auf geht's! Schreibe das Diktat ab!

Die tadelhafte Reise zum Mond

Übung

Trenne die Wortschlange an den richtigen Stellen und trage die Wörter in die Lücken ein!

QuaderschmalTratschtapsigGequakeSchnabeltankentunkenQuarzschadenschonQuote

sch............l	ta............n	scho............	Q............r
t............g	scha............n	Ge............	Q............e
Sch............l	tu............n	Tr............	Q............z

Zwillingsdiktat:
Schreibe die blauen Wörter ab und ordne sie in einer Tabelle nach den Wortanfängen *sch*, *t* und *qu*!

Der Weltraumgnom gab volle Schubkraft. Mit lautem Getöse donnerte das schäbige Raumschiff in die Wolken.

Das Ufo konnte von allein fliegen. Nick und das grüne Männchen setzten sich in bequeme Sessel. Dort gab es eine Tafel Weltraumschokolade aus der Tube. Schon bald tratschten die beiden wie zwei alte Freunde.

Plötzlich quäkten aus Lautsprechern quälende Töne! Das Raumschiff legte sich schräg und geriet schwer ins Trudeln! Hatte der Motor Schaden erlitten? Der Weltraumgnom schob alle Schalter auf Notlandung. Schlagartig landete das Raumschiff! Nick wurde nicht verschont und purzelte quer durch die Kabine zur schmalen Tür hinaus.

Nicks Schädel brummte. Er schämte sich nicht für seine Tränen. Schiffbruch auf dem Mond! Was sollten sie jetzt bloß tun?

Ausnahme

Von dieser Regel gibt es nur ganz wenige Ausnahmen, die du dir gut merken kannst.

*Alle **Schuhe** in die **Truhe**!*

Lösung

Übung:
schmal tanken schaden tapsig
schon tunken Gequake Schnabel
Quader Quote Tratsch Quarz

Die tadelhafte Reise zum Mond

Regel 3

Lange Vokale werden nicht immer mit Dehnungs-*h* geschrieben. Es steht meistens **kein Dehnungs-*h***, wenn der **Wortstamm** einen **Diphthong** enthält.

Beispiele

Tr*au*m	r*ei*b-en	schn*au*f-en
*Ei*l-e	kn*ei*f-en	schn*ei*d-en
*Au*g-e	vers*äu*m-en	schl*ei*f-en
R*eu*-e	l*au*f-en	b*ei*ß-en

Teil 3

Träume sind Schäume

Nick konnte es kaum begreifen, | aber kein Zweifel: | Sie waren auf dem Mond gestrandet! |

Hier konnte er doch nicht bleiben! | Nick wollte schleunigst zurück nach Hause. | Sein grüner Freund tapste schnaufend aus dem Raumschiff | und rieb sich staunend die Augen. |

Nick fror und bat, | sich mit der Reparatur zu beeilen. | Der Weltraumkobold räusperte sich und meinte, | das würde leider mehr als eine kleine Weile dauern. | Dieses Mondkalb! | Verzweifelt heulte Nick um Hilfe, | lauter und immer lauter … |

Da kam Kim gelaufen. | Scheu begann Kim, | Nick zu kneifen. | Da erwachte Nick. | Aber er lag ja noch immer im Gras bei den Weiden! | Die Reise zum Mond war nur geträumt! |

„Zum Glück", | dachte Nick, | „sind Träume nur Schäume."

(115 Wörter)

Auf geht's!

Schreibe die blauen Wörter im Diktat ab und ordne sie in einer Tabelle nach den Diphthongen!

Die tadelhafte Reise zum Mond

Tipp

Nur scheinbar ein Dehnungs-*h* haben Wortzusammensetzungen mit *-heit*: *Freiheit*, daher *frei*; *Schlauheit*, daher *schlau* usw.

Lückendiktat:
Setze *au, äu, ei, eu* in die richtigen Lücken!

Nick konnte es k......m begr......fen, aber k......n Zw......fel: Sie waren ......f dem Mond gestrandet!

Hier konnte er doch nicht bl......ben! Nick wollte schl......nigst zurück nach H......se. S......n grüner Fr......nd tapste schn......fend ......s dem R......mschiff und rieb sich st......nend die ......gen.

Nick fror und bat, sich mit der Reparatur zu be......len. Der Weltr......mkobold r......sperte sich und m......nte, das würde l......der mehr als ......ne kl......ne W......le d......ern. Dieses Mondkalb! Verzw......felt h......lte Nick um Hilfe, l......ter und immer l......ter ...

Da kam Kim gel......fen. Sch...... begann Kim, Nick zu kn......fen. Da erwachte Nick. Aber er lag ja noch immer im Gras b......den W......den! Die R......se zum Mond war nur getr......mt!

„Zum Glück", dachte Nick, „sind Tr......me nur Sch......me."

Ausnahme

Hier gibt es wenige Ausnahmen von der Regel! Beim Diphthong *ei* kann manchmal ein Dehnungs-*h* stehen. Da ist es hilfreich, wenn du dir die Verben merkst und an die Wortfamilienregel denkst.

Zum Beispiel:

weih-en	*Weihnachten*	*Weihrauch*	*Geweihter*
leih-en	*Leihwagen*	*Ausleihe*	*Verleiher*
reih-en	*Reihe*	*Reihenfolge*	*Einreiher*
abseih-en	*Seiher*		
gedeih-en	*Gedeihen*	*gedeihlich*	

Die tadelhafte Reise zum Mond

7 Hexentänze zum Geheul der Käuzlein
Schwierige Laute

Regel 1

Wortfamilienregel: Wenn du nicht weißt, ob du *e* oder *ä* bzw. *eu* oder *äu* schreiben musst, kannst du bei **verwandten Wörtern** abgucken.
Zu den Wörtern mit *ä* bzw. *äu* findest du oft ein verwandtes Wort mit *a* bzw. *au*.

Beispiele

überzeugt → Zeugnis bäuchlings → Bauch
Läuse → Laus ausbeulen → Beule
kräftig → Kraft bräunen → braun
Kräuter → Kraut erbärmlich → Erbarmen

Teil 1

Schauriges am Lagerfeuer

Lena, Kim, Nick | und der dicke Dennis, | die treuen Gefährten, | zelteten neulich | beim bäuerlichen Gehöft am Teufelsmoor. | Die Kinder wollten nämlich nicht versäumen, | dieses Wochenende ein Abenteuer zu erleben. |

Während es mit gräulichen Nebelschwaden dämmerte, | läutete fern das Abendglöckchen. | Aus dem nahe gelegenen Wäldchen, | das man auch „Bäume der neun Gehenkten" nannte, | heulte immer häufiger ein räudiger Köter. |

Dennis erzählte die Mär | von schrecklichen Räubern auf Gäulen, | die hier vor hundert Jahren | scheußliche Gräueltaten begangen hätten. | Kim äugte ängstlich zu Nick. | Lena war nicht abergläubisch | und erfreute sich an geräuchertem Speck vom wärmenden Lagerfeuer. |

Dann erschreckte sie ein Geräusch! |
War das eine Eule, | nur ein Käuzchen |
oder kam am Ende gar der Rächer
der neun Geächteten?

(116 Wörter)

Auf geht's! Lies das Diktat laut und achte auf eine genaue Aussprache von *e, ä, eu* und *äu*!

Übung

Finde verwandte Wörter und trage sie in die Lücken ein!

kräftig → die ....
Häute → meine ....
Kräuter → ein ....
Bräute → die ....
Leben → sehr ....
Läuse → eine ....
Gefängnis → Diebe ....

läuten → sehr ....
einzäunen → der ....
Lesung → ein Buch ....
bräunen → ich bin ....
anhäufen → ein ....
träumen → der ....
Jäger → ist auf der ....

Zwillingsdiktat:
Schreibe alle blauen Wörter mit *e* oder *eu* im Diktat ab! Morgen schreibst du dann alle blauen Wörter mit *ä* oder *äu* im Diktat ab!

Lena, Kim, Nick und der dicke Dennis, die treuen Gefährten, zelteten neulich beim bäuerlichen Gehöft am Teufelsmoor. Die Kinder wollten nämlich nicht versäumen, dieses Wochenende ein Abenteuer zu erleben.

Während es mit gräulichen Nebelschwaden dämmerte, läutete fern das Abendglöckchen. Aus dem nahe gelegenen Wäldchen, das man auch „Bäume der neun Gehenkten" nannte, heulte immer häufiger ein räudiger Köter.

Dennis erzählte die Mär von schrecklichen Räubern auf Gäulen, die hier vor hundert Jahren scheußliche Gräueltaten begangen hätten. Kim äugte ängstlich zu Nick. Lena war nicht abergläubisch und erfreute sich an geräuchertem Speck vom wärmenden Lagerfeuer.

Dann erschreckte sie ein Geräusch! War das eine Eule, nur ein Käuzchen oder kam am Ende gar der Rächer der neun Geächteten?

Lösung

Übung:
kräftig → die Kraft
Häute → meine Haut
Kräuter → ein Kraut
Bräute → die Braut
Leben → sehr lebendig
Läuse → eine Laus
Gefängnis → Diebe fangen
läuten → sehr laut
einzäunen → der Zaun
Lesung → ein Buch lesen
bräunen → ich bin braun
anhäufen → ein Haufen
träumen → der Traum
Jäger → ist auf der Jagd

Hexentänze zum Geheul der Käuzlein

Regel 2

Der *x*-Laut wird nur in wenigen Wörtern **x** oder **chs** geschrieben.
Wenn der **Wortstamm** auf *g*, *k* oder *ck* endet, steht **gs**, **ks** oder **cks**.

Beispiele

He**x**e	e**x**trem	Ni**x**e	Pra**x**is
Fa**x**en	A**x**t	Mi**x**becher	verhe**x**en
Kruzifi**x**	Ta**x**i	Te**x**t	e**x**akt
Fu**chs**	pi**k**-sen	Dei**chs**el	tri**ck**-sen
weni**g**-stens	trin**k**-st	Kla**ck**-s	lü**g**-st

Teil 2

Das große Zähneklappern

Das verdächtige Knacksen im Wald verstummte. | Die Kinder packten eiligst ihre wichtigsten Sachen zusammen | und krochen schnurstracks ins Zelt. |

Kraxelte hier etwa eine Hexe durchs Gebüsch? | Vielleicht machte sich jemand einen Jux? | Lena war am mutigsten unter den Abenteurern. | Längst hatte sie ihre Taschenlampe geholt. |

Der dicke Dennis holte | mit den zittrigsten Händen seines Lebens | eine Gabel aus seiner Frühstücksbüchse. | „Wenn du damit pikst, | zwingst du jeden in die Flucht", | gluckste Dennis ängstlich. | Lena lachte. | „Das ist doch ein Klacks für mich! | Ich werde das schon deichseln." | Dann krabbelte Lena aus dem Zelt. |

Doch so ein Unglücksrabe! | Das Lagerfeuer war ausgegangen! | Plötzlich sah Lena links vor sich | zwei glühende Augen! | Da suchte sie schleunigst das Weite.

(116 Wörter)

Auf geht's!   Schreibe das Diktat ab!

Hexentänze zum Geheul der Käuzlein   **45**

Tipp

Meistens hilft es dir nicht weiter, wenn du diese Wörter ganz langsam sprichst. Aber die Wortfamilienregel kann dir weiterhelfen, zum Beispiel: *du winkst – win**k**-en.*
Und achte dabei auf das **Wortstammende**!

Lückendiktat:
Fülle die entsprechenden Lücken mit *x, chs, gs, cks* oder *ks*!
Setze danach die Wörter in die richtigen Lücken ein!

Kla_____, Unglü_____rabe, He_____e, Ju_____, Frühstü_____bü_____e, Kna_____en – glu_____te, pi_____t, zwin_____t, kra_____elte, dei_____eln – eili_____t, wichti_____ten, muti_____ten, zittri_____ten, än_____tlich – schnurstra_____, lin_____, län_____t, schleuni_____t

Das verdächtige _____ im Wald verstummte. Die Kinder packten

_____ ihre _____ Sachen zusammen und

krochen _____ ins Zelt.

_____ hier etwa eine _____ durchs Gebüsch?

Vielleicht machte sich jemand einen _____? Lena war am

_____ unter den Abenteurern. _____ hatte

sie ihre Taschenlampe geholt.

Der dicke Dennis holte mit den _____ Händen seines Lebens eine

Gabel aus seiner _____. „Wenn du damit _____,

_____ du jeden in die Flucht", _____ Dennis

_____. Lena lachte. „Das ist doch ein _____

für mich! Ich werde das schon _____." Dann krabbelte Lena aus

dem Zelt.

Doch so ein _____! Das Lagerfeuer war ausgegangen!

Plötzlich sah Lena _____ vor sich zwei glühende Augen! Da suchte

sie _____ das Weite.

Hoppla

Hast du gesehen: *Abent**eu**rer, Lagerf**eu**er* und *schl**eu**nigst* wird mit *eu* geschrieben!

Hexentänze zum Geheul der Käuzlein

Regel 3

Achte genau auf die **Aussprache** und denke an die **Wortfamilienregel**!
Am Wortende hört man den Unterschied zwischen *d* und *t*, *b* und *p* sowie *g* und *k* jedoch nicht. Das **Verlängern** des Wortes hilft dir außerdem weiter.

Beispiele

Gasse – Kasse	Brise – Prise	Dank – Tank
Garten – Karten	backen – packen	Dorf – Torf
Tank → tank-en	Lump → Lump-en	Brot → Brot-e
Schlag → schlag-en	Grab → grab-en	Hund → Hund-e

Teil 3

Des Rätsels Lösung

Lena rannte blindlings über die Torfwiesen. | Hoffentlich käme sie bald zum Dorf. | Die Angst hielt sie auf Trab. |

Welche Satansbrut war diesen Abend | aus dem Grab gestiegen? | Gab es hier Ungeheuer? | Schlagartig blieb Lena stehen. | War sie denn taub? | Dennis rief laut nach ihr. | Sie konnte die anderen doch nicht in der Not allein lassen. | Das wäre keine löbliche Tat. |

Lena kehrte um. | Da hörte sie Musik! | Das Lagerfeuer brannte wieder, | die anderen tanzten herum. | Alle bis auf Dennis lachten Lena aus. | Der Störenfried war nämlich nur ein kleiner Igel gewesen! | Gut möglich, dass Lena rot wurde. |

„Bestimmt war da noch etwas anderes", | verteidigte der dicke Dennis Lenas Mut | und bekam dafür ihre Scheibe Räucherspeck.

(115 Wörter)

Auf geht's!

Lies das Diktat laut und achte dabei besonders auf die Wortendungen!

Hexentänze zum Geheul der Käuzlein   **47**

Übung

Schreibe zu den Wörtern mit den fett gedruckten Buchstaben solche Verlängerungen, die dir helfen, den richtigen Buchstaben zu finden!

blie**b** → bleiben

ga**b** →

tau**b** → ein

lö**b**lich →

blin**d**lings → ein

Aben**d** → die

schlagar**t**ig → sie .... +

                eine

Tra**b** → die Pferde

Bru**t** → Hühner

lau**t** →

Ta**t** →

No**t** →

Musi**k** →

gu**t** → ein

hiel**t** → sie

Zwillingsdiktat:
Sprich das Diktat auf Kassette und schreibe es dann allein ab!

Lena rannte blindlings über die Torfwiesen. Hoffentlich käme sie bald zum Dorf. Die Angst hielt sie auf Trab.

Welche Satansbrut war diesen Abend aus dem Grab gestiegen? Gab es hier Ungeheuer? Schlagartig blieb Lena stehen. War sie denn taub? Dennis rief laut nach ihr. Sie konnte die anderen doch nicht in der Not allein lassen. Das wäre keine löbliche Tat.

Lena kehrte um. Da hörte sie Musik! Das Lagerfeuer brannte wieder, die anderen tanzten herum. Alle bis auf Dennis lachten Lena aus. Der Störenfried war nämlich nur ein kleiner Igel gewesen! Gut möglich, dass Lena rot wurde.

„Bestimmt war da noch etwas anderes", verteidigte der dicke Dennis Lenas Mut und bekam dafür ihre Scheibe Räucherspeck.

Lösung:

Übung:
blieb → bleiben
gab → geben
taub → ein Tauber
löblich → loben
blindlings → ein Blinder
Abend → die Abende
schlagartig → sie schlagen + eine Artige
Trab → die Pferde traben
Brut → Hühner brüten
laut → lauter
Tat → Taten
Not → Nöte
Musik → Musiker
gut → ein Guter
hielt → sie hielten

Hexentänze zum Geheul der Käuzlein

8 Endstation eines wahren Entdeckers
Achtung: Verwechslungsgefahr!

Regel 1

Achte auf die **Bedeutung**!
Man schreibt *seid*, wenn das Verb *sein* gemeint ist.
Man schreibt *seit*, wenn es um eine **Zeitangabe** geht.

Beispiele

*Ihr **seid** mutig.*   *Wo **seid** ihr?*   ***Seid** leise!*

Aber:
***seit** drei Jahren*   ***seit** gestern*   ***seit** Ewigkeiten*

Außerdem gibt es mit *seit* einige Wortverbindungen:
***Seit**her ist es verschwunden.*
*Er lässt das **seit**dem bleiben.*
*Sie verließ ihre **seit**herige Schule.*

Teil 1

Die Flaschenpost

Lena, Kim und Nick saßen seit Stunden am Badesee. | Seit Tagen hatten sie Ferien, | aber seitdem war nichts passiert. |

„Ihr seid vielleicht trübe Tassen", | sagte Nick. | „Seit Stunden ist nichts los!" | „Ihr Jungs seid nicht besser!", | maulte Lena. | „Seit Ferienbeginn seid ihr launisch!" | „Das seid ihr! | Sogar Dennis bleibt seither weg!", | schimpfte Nick. | Da fiel ihnen auf, | dass sie den dicken Dennis seit langem nicht gesehen hatten. |

Plötzlich schaukelte eine Flasche vor Kim. | Eine Flaschenpost! | Sofort standen alle um Kim herum. | Kim las vor: | „An meine seitherigen Freunde: | Seid gegrüßt! | Bin seit heute früh hier gefangen. | Kommt mich befreien! | Ihr seid meine letzte Hoffnung! | Euer dicker Dennis." |

„Seid ihr bereit für das Abenteuer?", | fragte Lena begeistert.

(116 Wörter)

Auf geht's!   Schreibe das Diktat ab!

Übung Setze das Verb *sein* ein!

ich	du	er, sie, es	wir	ihr	sie
.....	.....	.....	.....	.....	.....

Tipp

seid bezieht sich immer nur auf *ihr*. Da *ihr* ein Anredepronomen ist, kann *seid* nur in der gesprochenen oder gedachten Anrede stehen.

→ gedachte Anrede: „*Seid ihr langweilig*", dachte Nick.
→ gesprochene Anrede: „*Seid ihr witzig*", sagte Nick.

seid weist immer eine Eigenschaft zu. Wenn man also fragen kann *wer, was, wo, wie seid ihr?*, muss *seid* mit *d* geschrieben werden.

Im Beispiel oben also: *Was seid ihr? – Langweilig seid ihr.*

Lückendiktat:
Fülle mit *seid* oder *seit* die richtigen Lücken!

Lena, Kim und Nick saßen .... Stunden am Badesee. .... Tagen hatten sie Ferien, aber ....dem war nichts passiert.

„Ihr .... vielleicht trübe Tassen", sagte Nick. „.......... Stunden ist nichts los!"

„Ihr Jungs .... nicht besser!", maulte Lena. „.......... Ferienbeginn .... ihr launisch!" „Das .... ihr! Sogar Dennis bleibt .... her weg!", schimpfte Nick. Da fiel ihnen auf, dass sie den dicken Dennis .... langem nicht gesehen hatten.

Plötzlich schaukelte eine Flasche vor Kim. Eine Flaschenpost! Sofort standen alle um Kim herum. Kim las vor: „An meine ....herigen Freunde: .... gegrüßt! Bin .... heute früh hier gefangen. Kommt mich befreien! Ihr .... meine letzte Hoffnung! Euer dicker Dennis."

„.......... ihr bereit für das Abenteuer?", fragte Lena begeistert.

Hoppla

Hast du gesehen: *seit langem* schreibt man getrennt und *langem* klein, ebenso *seit kurzem, seit gestern*. Zusammen schreibt man dagegen: *seither, seitdem*! Das musst du dir einprägen!

Lösung

Übung:
ich bin   du bist   er, sie, es ist   wir sind   ihr seid   sie sind

Endstation eines wahren Entdeckers

Regel 2

Achte auf die Bedeutung!
Man schreibt *end-*, wenn das Wort etwas mit *Ende* zu tun hat.
In allen anderen Fällen steht die Vorsilbe *ent-*.

Beispiele

Endspurt	*endlich*	*beenden*
Endstation	*endlos*	*verenden*
Entschuldigung	*entdecken*	*entfernt*
Entfernung	*entwickeln*	*entbehrlich*
Entschluss	*entlassen*	*entlang*

Teil 2

Der Bergungstrupp macht sich bereit

Endlich! | Entgegen allen Erwartungen | entpuppte sich dieser Tag zur Entdeckungsreise. |

Entschlossen, ihren Freund zu retten, | entwickelten die Kinder unendlich viele Rettungspläne. | Das war unentbehrlich, | wollte man eine Enttäuschung vermeiden. | Entscheidend war, | die in der Flaschenpost enthaltene Karte zu entschlüsseln. | Das ließ sich die entzückte Kim nicht vorenthalten. | Nach unendlich langen Minuten | entzifferte sie die entstellten Kritzeleien: | Dennis saß entsprechend der Karte | auf der weit entfernten Enteninsel fest! |

Kim wollte schon entmutigt aufgeben, | aber Lena entgegnete ihr entschieden: | „Mein Entschluss steht endgültig fest. | Entweder Rettung von Dennis oder gemeinsamer Untergang!" |

Nick beendete die endlosen Überlegungen. | Mit seiner Seifenkiste „Rasender Todesrenner", | der zweckentfremdeten Badewanne, | könnten sie den dicken Dennis seinem Schicksal entreißen! | Nick versprach ihnen ein glückliches Ende.

(116 Wörter)

Auf geht's!

Schreibe alle blauen Wörter (auch wenn sie zweimal vorkommen) mit *end-* im Diktat in eine Wortliste ab! Morgen machst du dasselbe mit allen blauen Wörtern im Diktat, die mit *ent-* beginnen!

Endstation eines wahren Entdeckers

Übung

Wortschlangensalat! Trenne die Schlange an den richtigen Stellen und füge die Teile so an *ent-* oder *end-* an, dass sinnvolle neue Wörter entstehen!

spurtgehenwurfgleisungendlichwarnungkommenlassungstandenzückendgültiglos
wicklungdeckenschlossenlangferntschlussstation

End........t	Ent........f	Ent........sung	Ent........nung
End........n	Ent........ssung	Ent........lung	Ent........ss
end........h	end........d	ent........men	ent........den
end........g	ent........d	ent........cken	ent........ssen
end........s	ent........g	ent........t	ent........hen

Tüfteldiktat:
Schreibe das Diktat ab und ersetze mit Hilfe deiner beiden Wortlisten XX und YY! Dabei steht XX für ein Wort mit *end-* und YY für ein Wort mit *ent-*!

XX! YY allen Erwartungen YY sich dieser Tag zur YY.

YY, ihren Freund zu retten, YY die Kinder XX viele Rettungspläne. Das war YY, wollte man eine YY vermeiden. YY war, die in der Flaschenpost YY Karte zu YY. Das ließ sich die YY Kim nicht YY. Nach XX langen Minuten YY sie die YY Kritzeleien: Dennis saß YY der Karte auf der weit YY Enteninsel fest!

Kim wollte schon YY aufgeben, aber Lena YY ihr YY: „Mein YY steht XX fest. YY Rettung von Dennis oder gemeinsamer Untergang!"

Nick XX die XX Überlegungen. Mit seiner Seifenkiste „Rasender Todesrenner", der YY Badewanne, könnten sie den dicken Dennis seinem Schicksal YY! Nick versprach ihnen ein glückliches XX.

Lösung

Übung
Endspurt, endlich, Endstation, endgültig, endlos
Entwurf, Entlassung, endend, entzückend, entlang
Entgleisung, Entwicklung, entkommen, entdecken, entfernt
Entwarnung, Entschluss, entstanden, entschlossen, entgehen

Endstation eines wahren Entdeckers

Regel 3

Achte auf die Bedeutung!
Man schreibt *war*, wenn das Verb ***sein*** gemeint ist,
man schreibt *wahr*, wenn das Adjektiv zu ***Wahrheit*** gemeint ist.

Beispiele

Wahrheit	be**wahr**heiten	**wahr**
Wahrsager	**wahr**sagen	**wahr**scheinlich
Wahrsagerei	**wahr**nehmen	**wahr**heitsliebend

Aber:
Ich **war** da!   Du **warst** allein.   Wo **waren** sie?

Teil 3

Rettung von der Enteninsel

Der dicke Dennis wollte es nicht wahrhaben: | Sein Schlauchboot war abgetrieben! | Hier war Endstation! |

Wo waren nur seine Freunde? | Wahre Freunde lassen sich nicht im Stich! | Wahrscheinlich war seine Flaschenpost nicht angekommen. | Dennis war wahrlich zum Heulen zumute. |

Auf einmal nahm er am Horizont | ein ungewöhnliches Boot wahr. | Lena, Kim und Nick | waren im „Rasenden Todesrenner" unterwegs zu ihm! |

War das eine Freude! | Überglücklich stieg Dennis an Bord. | „Du warst schlau, | die Flaschenpost zu schicken. | Was wahr ist, | muss man wahr lassen", | meinte Nick. |

„Lena war sofort dafür, | dich zu retten", | sagte Kim wahrheitsgemäß. | „Echt wahr?", | strahlte der dicke Dennis. | Doch Lena tat so, | als habe sie das nicht gehört. | Aber das war wahrscheinlich nicht wahr.

(116 Wörter)

Auf geht's!

Schreibe das Diktat ab!

Endstation eines wahren Entdeckers

**Lückendiktat:
Fülle die Lücken!**

war (siebenmal), waren (zweimal), warst, wa……rhaben, nahm wa……r – wa……r (viermal), wa……re, wa……rscheinlich (zweimal), wa……rheitsgemäß – wa……rlich

Der dicke Dennis wollte es nicht .... haben: Sein Schlauchboot .... abgetrieben! Hier .... Endstation!

Wo .... en nur seine Freunde? .... e Freunde lassen sich nicht im Stich! .... scheinlich .... seine Flaschenpost nicht angekommen. Dennis .... lich zum Heulen zumute.

Auf einmal nahm er am Horizont ein ungewöhnliches Boot .... Lena, Kim und Nick .... en im „Rasenden Todesrenner" unterwegs zu ihm!

.... das eine Freude! Überglücklich stieg Dennis an Bord. „Du .... st schlau, die Flaschenpost zu schicken. Was .... ist, muss man .... lassen", meinte Nick.

„Lena .... sofort dafür, dich zu retten", sagte Kim .... heitsgemäß. „Echt .... ?", strahlte der dicke Dennis. Doch Lena tat so, als habe sie das nicht gehört. Aber das .... scheinlich nicht ....

Hoppla

Es gibt auch noch das Verb *wahren*, das man mit Dehnungs-h schreibt, und Zusammensetzungen damit.

Zum Beispiel:

*Ein Lügner kann nicht ewig sein Gesicht **wahren**.
Sie **wahren** ihr Geheimnis.
Ich **bewahre** dich in guter Erinnerung.
Bewahre uns vor Unheil.
Kannst du meinen Koffer für mich **aufbewahren**?*

54 Endstation eines wahren Entdeckers

9 Vier Flieger beim Fliegen und eine Gemeine
Großschreibung

Regel 1

Eigennamen, Substantive und **Satzanfänge** schreibt man **groß**.

Beispiele

| Nick | Amerika | Bodensee | Kim |
| Junge | Schiff | Auto | Kind |

Und die Satzanfänge:
Erst ist es windig. Dann regnet es. Manchmal blitzt es.

Teil 1

Die Flugzeugbauer

Nick hatte im Kino „Sternchen" | einen Film über den tollkühnen Flieger | „Roter Baron" | gesehen. | Dieses Erlebnis machte noch Stunden später | Eindruck auf den Jungen. | Und so beschloss Nick den Bau eines eigenen Flugzeugs. |

Klare Sache, | der dicke Dennis wäre eine große Hilfe. | Nick hatte Glück, | Dennis sagte Minuten später seine Unterstützung zu. | Sofort ging es an die Arbeit. | Der alte Otto, | Nicks Nachbar, | schenkte den Flugzeugbauern seinen Rasenmäher. | Der Motor der Schrottmühle lief noch ohne Probleme. |

Alteisen-Heinz gab den Jungen | Wellbleche für die Flügel. | Und Dennis hatte nach dem Verlust seines Schlauchbootes | ein Paddel übrig. | Das wurde der Propeller. | Das alles schraubten sie an den „Rasenden Todesrenner". |

Lena und Kim würden Augen machen!

(113 Wörter)

Auf geht's! Schreibe das Diktat ab!

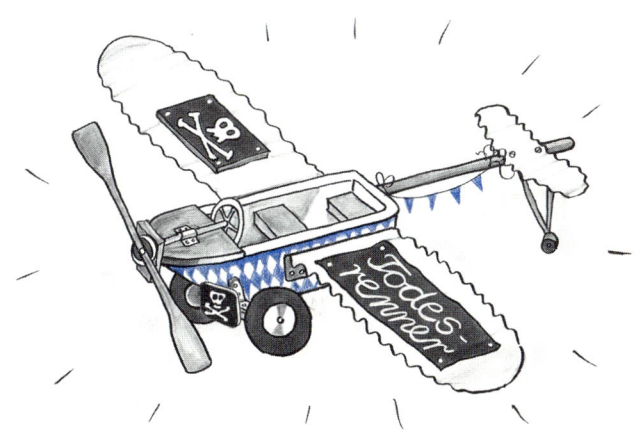

Vier Flieger beim Fliegen und eine Gemeine 55

Tipp

Auch die Namen von Ländern schreibt man groß, wie z. B.

Schweiz, Frankreich, Japan,

ebenso die Namen von Städten, Bergen, Flüssen und Seen, wie z. B.

Berlin, Stuttgart, Großglockner, Zugspitze, Donau, Rhein, Bodensee.

Ist ein Adjektiv fester Bestandteil eines solchen Namens, schreibt man es ebenfalls groß, wie z. B.

das Tote Meer, der Atlantische Ozean usw.

Lückendiktat:
Hier fehlen ja fast alle Anfangsbuchstaben! Setze du sie richtig geschrieben ein!

......ick hatte im ......ino „......ternchen" einen ......ilm über den tollkühnen ......lieger „......oter ......aron" gesehen. ......ieses ......rlebnis machte noch ......tunden später ......indruck auf den ......ungen. ......nd so beschloss ......ick den ......au eines eigenen ......lugzeugs.

......lare ......ache, der dicke ......ennis wäre eine große ......ilfe. ......ick hatte ......lück, ...ennis sagte ......inuten später seine ......nterstützung zu. ......ofort ging es an die ......rbeit. ......er alte ......tto, ...icks ......achbar, schenkte den ......lugzeugbauern seinen ......asenmäher. ......er ......otor der ......chrottmühle lief noch ohne ......robleme.

......lteisen-......einz gab den ......ungen ......ellbleche für die ......lügel. ......nd ......ennis hatte nach dem ......erlust seines ......chlauchbootes ein ......addel übrig. ......as wurde der ......ropeller. ......as alles schraubten sie an den „......asenden ......odesrenner".

......ena und ......im würden ......ugen machen!

Vier Flieger beim Fliegen und eine Gemeine

Regel 2

Substantivierte Wörter schreibt man **groß**.
Ein **Verb** kann z. B. durch einen vorangestellten Artikel, eine Präposition, ein Adjektiv usw. zum Substantiv werden.

Beispiele

lachen →	das Lachen	dein Lachen	vor Lachen
weinen →	das Weinen	ihr Weinen	zum Weinen
husten →	der Husten	starker Husten	bei Husten
schreien →	das Schreien	lautes Schreien	beim Schreien

Teil 2

Eine Badewanne lernt fliegen

Tags darauf herrschte ideales Wetter zum Fliegen. | Nick und der dicke Dennis dachten schon beim Aufstehen | an das Dröhnen ihrer Flugmaschine, | wenn sie beim Starten den Motor anwerfen würden. |

Wenig später waren die Jungen gehörig am Schwitzen. | Schließlich musste ihr Flugzeug | zum Abheben auf die Wiese gerollt werden. | In wenigen Minuten würden sie sich emporschwingen. |

Lena und Kim kamen angerannt. | Sie wollten natürlich dabei sein, | wenn es in die Lüfte ging! | Die Jungen zeigten ihr überlegenes Grinsen | und waren den Mädchen | sogar beim Einsteigen behilflich. |

Dann warf Nick den Propeller an! | Das Johlen der Kinder wurde vom Knattern des Motors übertönt. | Heftiges Rumpeln erschreckte sie, | aber fürs Aussteigen war es bereits zu spät.

(113 Wörter)

Auf geht's

Schreibe die Sätze mit den blauen Wörtern im Diktat ab!

Vier Flieger beim Fliegen und eine Gemeine

Tipp

Manchmal erkennst du vielleicht nicht sofort, dass dem Verb ein Artikel vorangestellt ist, weil er sich in einer Wortverbindung mit einer Präposition versteckt.

Solche Wortverbindungen sind zum Beispiel:

beim → *bei* **dem**   *zum* → *zu* **dem**   *am* → *an* **dem**

Übung

Wie muss es heißen, wenn du hier Substantive bildest?

Er ist schnell, wenn er rechnet. Das findet er lächerlich. Er lacht auch viel, wenn er spielt. Nur wenn er aufräumt, lässt er sich Zeit.

Tüfteldiktat:
Hier ist ja alles mit Großbuchstaben abgedruckt! Suche die Wörter heraus, deren Anfangsbuchstaben großgeschrieben werden müssen, und unterstreiche diese Anfangsbuchstaben! Wie viele sind es?

TAGS DARAUF HERRSCHTE IDEALES WETTER ZUM FLIEGEN. NICK UND DER DICKE DENNIS DACHTEN SCHON BEIM AUFSTEHEN AN DAS DRÖHNEN IHRER FLUGMASCHINE, WENN SIE BEIM STARTEN DEN MOTOR ANWERFEN WÜRDEN.

WENIG SPÄTER WAREN DIE JUNGEN GEHÖRIG AM SCHWITZEN. SCHLIESSLICH MUSSTE IHR FLUGZEUG ZUM ABHEBEN AUF DIE WIESE GEROLLT WERDEN. IN WENIGEN MINUTEN WÜRDEN SIE SICH EMPORSCHWINGEN.

LENA UND KIM KAMEN ANGERANNT. SIE WOLLTEN NATÜRLICH DABEI SEIN, WENN ES IN DIE LÜFTE GING! DIE JUNGEN ZEIGTEN IHR ÜBERLEGENES GRINSEN UND WAREN DEN MÄDCHEN SOGAR BEIM EINSTEIGEN BEHILFLICH.

DANN WARF NICK DEN PROPELLER AN! DAS JOHLEN DER KINDER WURDE VOM KNATTERN DES MOTORS ÜBERTÖNT. HEFTIGES RUMPELN ERSCHRECKTE SIE, ABER FÜRS AUSSTEIGEN WAR ES BEREITS ZU SPÄT.

Lösung

Übung:
Er ist **im Rechnen** schnell. Das findet er **zum Lachen**. Er lacht auch viel **beim Spielen**. Nur **beim Aufräumen** lässt er sich Zeit.

Tüfteldiktat:
39 Großbuchstaben

Regel 3

Substantivierte Wörter schreibt man **groß**.
Ein **Adjektiv** kann z. B. durch einen vorangestellten Artikel, ein unbestimmtes Zahlwort wie *viel, wenig, etwas, alles* usw. zum Substantiv werden.

Beispiele

wenig Neues	der Mutige	So ein Frecher!
viel Schönes	die Hübschen	Das ist eine Nette!
alles Gute	das Dumme	
etwas Süßes		

Teil 3

Die Spielverderberin setzt zur Landung an

Nick versuchte alles Mögliche, | die wild gewordene Badewanne zu bändigen. | Schließlich ging der Wagemutige aufs Ganze. |

„Das Wichtige beim Fliegen ist, | daran zu glauben!", | rief Nick. | Das taten sie, | und wie! |

„So etwas Beeindruckendes!", | schrie Lena wegen des lauten Motors. | „Es gibt nichts Schöneres!", | rief auch Kim. | Sie erlebten diesen Nachmittag viel Lustiges. | Ein eigenes Flugzeug! | Nein, so etwas Unglaubliches! |

Dennis ölte alles Quietschende und meinte: | „Nichts Schlimmeres als Motorschaden!" | Weil Nick Lena nicht ans Steuer ließ, | gab es beinahe Saures. | „Badewannen können eh nicht fliegen!", | sagte Lena deswegen beleidigt | und hüpfte ins Gras. | So eine Gemeine! |

Abends lag Nick noch lange wach. | Aber der Rote Baron hätte auch niemals ein Mädchen fliegen lassen!

(114 Wörter)

Auf geht's!

Schreibe das Diktat ab!

Vier Flieger beim Fliegen und eine Gemeine

Übung

Schreibe die Substantivierungen richtig! Aus welchen Adjektiven wurden sie gebildet?

nur ......robes, viel ......nsinniges, wenig ......utes, einiges ......nerfreuliche, das ......öse,

viel ......chönes, alles ......chlechte, etwas ......üßes, mehr ......ustiges

Tüfteldiktat:
Substantiviere die Wörter und setze sie in die richtigen Lücken ein!

möglich, ganz, beeindruckend, wichtig, lustig, wagemutig, schöner, gemein, quietschend, sauer, unglaublich, schlimmer

Nick versuchte alles ...., die wild gewordene Badewanne zu bändigen. Schließlich ging der .... aufs ....

„Das .... beim Fliegen ist, daran zu glauben!", rief Nick. Das taten sie, und wie!

„So etwas ....!", schrie Lena wegen des lauten Motors.
„Es gibt nichts ....!", rief auch Kim. Sie erlebten diesen Nachmittag viel .... Ein eigenes Flugzeug! Nein, so etwas .... !

Dennis ölte alles .... und meinte: „Nichts .... als Motorschaden!" Weil Nick Lena nicht ans Steuer ließ, gab es beinahe .... „Badewannen können eh nicht fliegen!", sagte Lena deswegen beleidigt und hüpfte ins Gras. So eine .... !

Abends lag Nick noch lange wach. Aber der Rote Baron hätte auch niemals ein Mädchen fliegen lassen!

Lösung:

Übung:
Die Substantivierungen schreibt man alle groß.
Die Adjektive sind: grob, unsinnig, gut, unerfreulich, böse, schön, schlecht, süß, lustig.

60 Vier Flieger beim Fliegen und eine Gemeine

10 Ein Bäcker, ein verliebter ...
Kleinschreibung

Regel 1

Adjektive schreibt man **klein**.
Aufgepasst bei Substantivierungen: Manchmal sind Adjektive nur **scheinbar substantiviert** – in Wirklichkeit beziehen sie sich auf ein vorangehendes Substantiv und werden deshalb kleingeschrieben.

Beispiele

*Ich mag **r**ote Gummibärchen und die **g**elben (Gummibärchen).*

*Ein guter Sportler beherrscht nicht nur die **l**eichten Turnübungen. Er beherrscht auch die **s**chwierigen (Turnübungen).*

*Ein fleißiger Koch bereitet alle Mahlzeiten köstlich zu, die **w**armen wie die **k**alten (Mahlzeiten).*

Teil 1

Große Torte statt vieler Worte

Der schöne Sommer ging langsam zu Ende. | Deswegen hatte der dicke Dennis | seine Freunde zu einem Sommerfest eingeladen. |

Es würde viele kleine Kuchen | und einen großen geben. | Die süße Lena | bekäme ein besonders großes Stück Kuchen. | Danach könnten sie alle | das blinkende Sternenzelt betrachten. | Und ein kleiner Stern | würde nur für ihn und Lena blinken. |

Dennis setzte seine spitze Kochmütze | aus altem Zeitungspapier auf | und suchte alles Notwendige zusammen: | frische Eier, | weißes Mehl und viele Nüsse. | Die gemahlenen schüttete er gleich | in den klumpigen Teig | und mit den ganzen | würde er den Kuchen verzieren. | Ob vier volle Packungen Zucker genügten? |

Dann fiel dem dicken Dennis die Hefe ein. | Hätte er davon lieber die Finger gelassen ...

(115 Wörter)

Auf geht's! Sprich das Diktat auf Kassette und schreibe es dann allein vom Band ab!

Ein Bäcker, ein verliebter ... **61**

Übung

Bilde scheinbare Substantivierungen und schreibe sie auf!

rot, gelb: Ich mag _____ Gummibärchen _____

süß, bitter: Er isst jede Schokolade, _____

brav, frech: Sie liebt nicht nur die _____ Kinder, sondern auch _____

Lückendiktat:
Hier fehlen einige Buchstaben. Setze sie in die Lücken ein!

Der ......chöne Sommer ging ......angsam zu Ende. Deswegen hatte der ......icke Dennis seine ......reunde zu einem Sommerfest eingeladen.

Es würde viele ......leine Kuchen und einen ......roßen geben. Die ......üße Lena bekäme ein besonders ......roßes Stück Kuchen. Danach könnten sie alle das ......linkende Sternenzelt betrachten. Und ein ......leiner Stern würde nur für ihn und Lena blinken.

Dennis setzte seine ......pitze Kochmütze aus ......ltem Zeitungspapier auf und suchte alles Notwendige zusammen: ......rische Eier, ...eißes Mehl und viele Nüsse. Die ......emahlenen schüttete er gleich in den ......lumpigen Teig und mit den ......anzen würde er den Kuchen verzieren. Ob vier ......olle Packungen Zucker genügten?

Dann fiel dem ......icken Dennis die Hefe ein. Hätte er davon lieber die Finger gelassen …

Hoppla

Hast du bemerkt, wie *alles Notwendige* geschrieben wurde? Weißt du noch, warum das so ist? Die Regel steht einige Seiten weiter vorn.

Lösung

Übung:
Ich mag rote Gummibärchen und die gelben.
Er isst jede Schokolade, die süße und die bittere.
Sie liebt nicht nur die braven Kinder, sondern auch die frechen.

Hoppla:
Wenn ein Adjektiv durch ein unbestimmtes Zahlwort wie *alles* substantiviert wird, schreibt man es groß.

Ein Bäcker, ein verliebter …

Regel 2

Superlative mit *am* schreibt man klein.

Beispiele

*Er kann **am** besten rechnen.*
*Du schwimmst **am** schnellsten.*
*Sie ist **am** stärksten.*
***Am** meisten nervt uns der Lärm.*

Teil 2

Kuchen mit Knalleffekt

„Viel Hefe ist gut, | noch mehr Hefe ist am besten", | dachte der dicke Dennis. |

Also mischte Dennis | gleich mehrere Päckchen Hefe in den Teig. | Dadurch würde er am schnellsten | und am stärksten aufquellen. | Ohne abzuwarten, | stampfte Dennis den Teig | in eine viel zu kleine Kuchenform | und schob diese in den Backofen. |

In der Zwischenzeit grübelte Dennis | am meisten darüber, | wie er Lena am ehesten dazu bekäme, | sich neben ihn zu setzen. | Ob sie merken würde, | dass er sie von allen am liebsten hatte? |

Der Kuchen im Backofen wurde immer dicker. | Aber am schlimmsten war, | dass Dennis neugierig | seine Nase in den Ofen steckte. | Genau jetzt explodierte der Kuchenteig | und die Backform prallte gegen seine Nase!

(115 Wörter)

Auf geht's!

Schreibe das Diktat ab und setze die Superlative zurück in die erste Steigerungsform: *am besten → besser* usw.!

Ein Bäcker, ein verliebter ...

Übung

Steigere die Adjektive!

Grundform	erste Steigerungsform	zweite Steigerungsform
schnell	schneller	am schnellsten
faul		
lustig		
witzig		
schlimm		
müde		

Tüfteldiktat:
Hier hat wohl der Teig einige Wörter verklebt. Finde sie und schreibe sie richtig heraus!

„Viel Hefe ist gut, noch mehr Hefe ist ambesten", dachte der dicke Dennis.

Also mischte Dennis gleich mehrere Päckchen Hefe in den Teig. Dadurch würde er amschnellsten und amstärksten aufquellen. Ohne abzuwarten, stampfte Dennis den Teig in eine viel zu kleine Kuchenform und schob diese in den Backofen.

In der Zwischenzeit grübelte Dennis ammeisten darüber, wie er Lena amehesten dazu bekäme, sich neben ihn zu setzen. Ob sie merken würde, dass er sie von allen amliebsten hatte?

Der Kuchen im Backofen wurde immer dicker. Aber amschlimmsten war, dass Dennis neugierig seine Nase in den Ofen steckte. Genau jetzt explodierte der Kuchenteig und die Backform prallte gegen seine Nase!

Lösung

Übung:
schnell – schneller – am schnellsten
faul – fauler – am faulsten
lustig – lustiger – am lustigsten
witzig – witziger – am witzigsten
schlimm – schlimmer – am schlimmsten
müde – müder – am müdesten

64 Ein Bäcker, ein verliebter …

Regel 3

Die **Anredeformen** *du, dein, ihr, euer* usw. schreibt man immer **klein** – auch in Briefen.

Beispiele

Hallo, du Schlafmütze!
Bist du endlich aufgewacht? Ich grüße dich, dein Wecker.

Es ist euer Verdienst, unermüdlich habt ihr dafür gearbeitet, euch gebührt der Dank.

Teil 3

Das Sommerfest zerbröselt

Am Nachmittag machten sich Nick, | Lena und Kim auf den Weg zu Dennis. |

„Seid ihr sicher, | dass es Kuchen gibt?", | fragte Kim. | „Darauf kannst du wetten", | sagte Nick. | Er knuffte Lena. | „Übrigens, du, | für Verliebte gibt es besonders große Kuchenstücke!" | „Weißt du nicht, | dass ich gerade eine Diät mache?", | fragte Lena schnippisch. | „Ärgert dich das?", | fragte Kim. | Lena verdrehte die Augen. |

Doch an Dennis' Haustür hing nur ein Brief. | Auf dem stand: | „Hallo, ihr Lieben, | das Fest fällt aus, | bin leider verhindert. | Grüße an euch, | euer dicker Dennis." |

Dennis geschwollene Nase leuchtete in allen Farben. | Der Doktor saß an seinem Bett und fragte: | „Tut dir deine Nase noch weh?" | Da seufzte der dicke Dennis ganz tief.

(116 Wörter)

Auf geht's! Schreibe das Diktat ab und unterstreiche die Anredeformen!

Ein Bäcker, ein verliebter ...

Tipp

Großgeschrieben werden dagegen die höflichen Anredeformen, die sich auf jemanden beziehen, zu dem man **nicht** du sagt.

Zum Beispiel:

*Lieber Herr Nachbar,
wissen Sie, dass Ihr Hund Ihnen ständig ausreißt?
Beim nächsten Mal beiße ich zurück!*

Hoppla

Stehen *du, dein, ihr, euer* usw. aber am Satzanfang, schreibt man sie natürlich groß!

**Lückendiktat:
Setze die richtigen Wörter in die Lücken ein!**

......hr (zweimal), ...u (dreimal), ...ich (einmal), ...uch (einmal), ...eine (einmal), ...uer (einmal), ...ir (einmal)

Am Nachmittag machten sich Nick, Lena und Kim auf den Weg zu Dennis.

„Seid .... sicher, dass es Kuchen gibt?", fragte Kim. „Darauf kannst .... wetten", sagte Nick. Er knuffte Lena. „Übrigens, ..., für Verliebte gibt es besonders große Kuchenstücke!" „Weißt .... nicht, dass ich gerade eine Diät mache?", fragte Lena schnippisch. „Ärgert .... das?", fragte Kim. Lena verdrehte die Augen.

Doch an Dennis' Haustür hing nur ein Brief. Auf dem stand: „Hallo, ... Lieben, das Fest fällt aus, bin leider verhindert. Grüße an ...., ... dicker Dennis."

Dennis geschwollene Nase leuchtete in allen Farben. Der Doktor saß an seinem Bett und fragte: „Tut .... Nase noch weh?" Da seufzte der dicke Dennis ganz tief.

Hoppla

Hast du gesehen, dass *seid* mit *d* geschrieben wurde? Warum?

Lösung

Hoppla:
seid ist vom Verb *sein* abgeleitet.

66 Ein Bäcker, ein verliebter …

11 Fiebrig sucht, wer Schätze suchen geht
Getrenntschreibung

Regel 1

Verbindungen von **Verb + Verb** schreibt man **immer getrennt**.

Beispiele

*Alle Entenküken **lernen schwimmen**.*
*Die Kinder **gehen einkaufen**.*
*Ob wir das wirklich **essen wollen**?*
*Das hab ich ja **kommen sehen**!*
*Hier wollten sie noch eine Weile **sitzen bleiben**.*

Teil 1

Ein Schatzsucher sucht Verbündete

Nick schlug dem dicken Dennis vor, | Schatzsucher zu werden. | Als Schatzsucher könnten sie es | getrost bleiben lassen, | die Schule zu besuchen. |

„Wie wird man denn Schatzsucher?", | fragte Dennis. | „Man muss einen Schatz suchen gehen, | das ist alles", | sagte Nick. | „Die Schule sausen lassen?", | grübelte Dennis. | „Meinetwegen, | aber heute muss ich rechnen lernen. | Ich will nicht sitzen bleiben!" | Und weg war er. |

Nick konnte seine Wut | im Bauch kochen spüren. | Das hatte er nicht kommen sehen. | So eine großartige Idee | und Dennis kniff! | Na, der sollte ihn kennen lernen! |

„Dann werde ich eben | Lena und Kim fragen gehen!", | rief Nick dem dicken Dennis nach. | Er würde es sich | doch nicht nehmen lassen, | ein berühmter Schatzsucher zu werden.

(116 Wörter)

Auf geht's! Schreibe die blauen Wortverbindungen ab!

Tipp

Es gibt einige Verben, die sehr häufig neben anderen stehen, aber dennoch getrennt geschrieben werden müssen. Präge sie dir gut ein:

wollen   dürfen   sollen   müssen   können   lassen

Zum Beispiel:

Er fragt, was sie essen wollen.

Übung

Bilde Sätze mit den Verbindungen von Verb und Verb! Denke daran, die beiden Verben getrennt zu schreiben!

bleiben lassen ....

kommen sehen ....

sich etwas nicht nehmen lassen ....

kennen lernen ....

spazieren gehen ....

laufen lernen ....

sitzen bleiben ....

schneiden lassen ....

Schlangendiktat:
Schreibe das Diktat ab und trenne dabei die Wörter richtig!

NickschlugdemdickenDennisvor, Schatzsucherzuwerden. AlsSchatzsucherkönntensieesgetrostbleibenlassen, dieSchulezubesuchen.

„WiewirdmanndennSchatzsucher?", fragteDennis. „ManmusseinenSchatzsuchengehen, dasistalles", sagteNick. „DieSchulesausenlassen?", grübelteDennis. „Meinetwegen, aber heutemussichrechnenlernen. Ichwillnichtsitzenbleiben!" Undwegwarer.

NickkonnteseineWutimBauchkochenspüren. Dashatteernichtkommensehen. Soeine großartigeIdeeundDenniskniff! Na, dersollteihnkennenlernen!

„DannwerdeichebenLenaundKimfragengehen!", riefNickdemdickenDennisnach. ErwürdeessichdochnichtnehmenIassen, einberühmterSchatzsucherzuwerden.

Lösung

Übung:
Beispiele: Ich hab es bleiben lassen. Das hab ich ja kommen sehen! Das werde ich mir nicht nehmen lassen! Ich möchte dich kennen lernen. Wollen wir zusammen spazieren gehen? Babys müssen laufen lernen. Sonst werdet ihr sitzen bleiben. Sie wollte sich die Haare schneiden lassen.

Fiebrig sucht, wer Schätze suchen geht

Regel 2

Substantiv + Verb schreibt man meistens **getrennt**.

Beispiele

*heimlich **Händchen halten**
draußen **Fußball spielen**
gemeinsam **Rad fahren**
an der Kasse **Schlange stehen***

Teil 2

Der Schatzsucher zieht los

Nick sah Lena und Kim | in der Ferne Rad fahren. | Um sie noch einzuholen, | musste er jetzt Gas geben. | Er wollte den Mädchen Mut machen, | ihm bei seiner Schatzsuche zu helfen. |

„Heute Nachmittag grabe ich | den Schatz der neun Gehenkten aus! | Wenn ihr wollt, | können wir Partner werden", | bot Nick den Mädchen an. | „Heute können wir wirklich nicht", | sagte Lena. | „Kim und ich müssen Mathe lernen." | „Ihr macht ja nur nicht mit, | weil ihr Angst habt!", | motzte Nick. | Er hatte es ja gewusst: | Vor Mädchen musste man sich in Acht nehmen. |

Aber er würde seinen Schatz auch allein finden. | Dann würden sie alle Bauklötze staunen | und Schlange stehen, | um den Schatz ansehen zu dürfen! |

(114 Wörter)

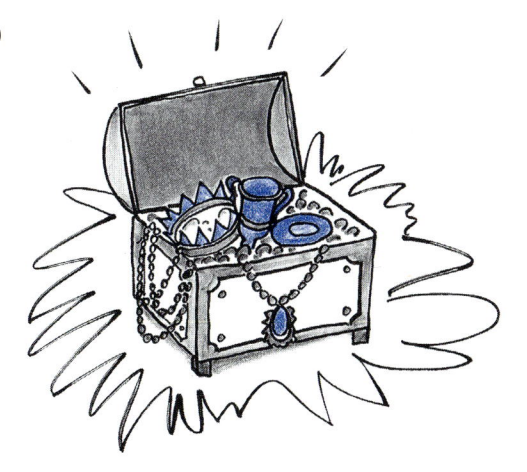

Auf geht's!

Schreibe das Diktat ab!

Fiebrig sucht, wer Schätze suchen geht

Übung

Stelle sinnvolle Wortverbindungen her, indem du mit verschiedenen Farben ankreuzt! Vorsicht, ein Verb ist hier völlig falsch!

○ Farbe   ○ zur Kenntnis   ○ Rasen   ○ Not   ○ Fuß   ○ in Erfahrung

○ fahren   ○ mähen   ○ bringen   ○ fassen   ○ nehmen   ○ bekennen   ○ leiden

Tüfteldiktat:
Streiche die falschen Verben, schreibe die richtigen dazu und setze die neuen Wortverbindungen in die entsprechenden Lücken ein!

Rad staunen → ....   Bauklötze lernen → ....

Gas habt → ....   Partner geben → ....

Schlange nehmen → ....   Mut werden → ....

Angst stehen → ....   Mathe fahren → ....

Acht machen → ....

Nick sah Lena und Kim in der Ferne .... Um sie noch einzuholen, musste er jetzt .... Er wollte den Mädchen ...., ihm bei seiner Schatzsuche zu helfen.

„Heute Nachmittag grabe ich den Schatz der neun Gehenkten aus! Wenn ihr wollt, können wir ....", bot Nick den Mädchen an. „Heute können wir wirklich nicht", sagte Lena. „Kim und ich müssen ...." „Ihr macht ja nur nicht mit, weil ihr ....!", motzte Nick. Er hatte es ja gewusst: Vor Mädchen musste man sich in ....

Aber er würde seinen Schatz auch allein finden. Dann würden sie alle .... und ...., um den Schatz ansehen zu dürfen!

Lösung

Übung:
Farbe bekennen, zur Kenntnis nehmen, Rasen mähen, Not leiden, Fuß fassen, in Erfahrung bringen

70   Fiebrig sucht, wer Schätze suchen geht

Regel 3

Verbindungen von **Adjektiv + Verb** schreibt man **getrennt**, wenn das Adjektiv auf *-ig*, *-isch* oder *-lich* endet.

Beispiele

fünd**ig** werden	sich ähn**lich** sehen	tier**isch** verliebt
übr**ig** bleiben	deut**lich** machen	fr**isch** gebacken
richt**ig** stellen	heim**lich** tun	häm**isch** grinsen
wicht**ig** tun	sich behag**lich** fühlen	biolog**isch** anbauen

Teil 3

Der Schatz bringt kein Glück

Nick konnte beim Alteisen-Heinz | eine rostige Schaufel ausfindig machen. |

„Damit willst du fündig werden?", | lachte Alteisen-Heinz. | „Du willst doch nur wichtig tun!" | „Es gibt einen Schatz der neun Gehenkten!", | rief Nick tierisch sauer. |

Stundenlang durchwühlte Nick den Waldboden, | suchte Bäume nach Räuberzeichen ab | und guckte unter verdächtige Steine. | Das alles musste er | wegen der Räuber heimlich tun. | Das konnte einen vielleicht fertig machen. |

Da trat er auf etwas Hartes! | Ein Hufeisen! | Das hatte bestimmt | das Pferd eines Räubers verloren! | Nick nahm es und rannte davon. | Seinen Freunden würde morgen | nichts übrig bleiben, | als ihn zu bewundern. |

Denen blieb die Spucke weg, | aber Nick auch. | Er kriegte nämlich im Rechnen eine Fünf. | Trotz des Hufeisens!

(113 Wörter)

Auf geht's! Schreibe die blauen Wortverbindungen im Diktat ab!

Fiebrig sucht, wer Schätze suchen geht   **71**

Tüfteldiktat:
Hier steht ja alles getrennt! Schreibe das Diktat in die freien Zeilen ab und achte dabei darauf, was getrennt und was nicht getrennt gehört!

Nick-konn-te-beim-Alt-ei-sen-Heinz-ei-ne-ros-ti-ge-Schau-fel-aus-fin-dig-ma-chen.

„Da-mit-willst-du-fün-dig-wer-den?", lach-te-Alt-ei-sen-Heinz. „Du-willst-doch-nur-wich-tig-tun!" „Es-gibt-ei-nen-Schatz-der-neun-Ge-henk-ten!", rief-Nick-tie-risch-sau-er.

Stun-den-lang-durch-wühl-te-Nick-den-Wald-bo-den, such-te-Bäu-me-nach-Räu-ber-zei-chen-ab-und-guck-te-un-ter-ver-däch-ti-ge-Stei-ne. Das-al-les-muss-te-er-we-gen-der-Räu-ber-heim-lich-tun. Das-konn-te-ei-nen-viel-leicht-fer-tig-ma-chen.

Da-trat-er-auf-et-was-Har-tes! Ein-Huf-ei-sen!-Das-hat-te-be-stimmt-das-Pferd-ei-nes-Räu-bers-ver-lo-ren! Nick-nahm-es-und-rann-te-da-von. Sei-nen-Freun-den-wür-de-mor-gen-nichts-üb-rig-blei-ben, als-ihn-zu-be-wun-dern.

De-nen-blieb-die-Spu-cke-weg, a-ber-Nick-auch. Er-krieg-te-näm-lich-im-Rech-nen-ei-ne-Fünf. Trotz-des-Huf-ei-sens!

Hoppla

Hast du's gesehen: *stundenlang* schreibt man zusammen.

72 Fiebrig sucht, wer Schätze suchen geht

12 Das pitschenasse, rührselige Ende
Zusammenschreibung

Regel 1

Wenn ein Teil einer Wortverbindung **nicht allein** auftreten kann, schreibt man die Verbindung **zusammen**.

Beispiele

kratzbürstig	langatmig	schnelllebig,
trübsinnig	schwermütig	großspurig
übermütig	eindeutig	mehrsprachig

Teil 1

Die allerletzte Chance

Draußen tobte der erste Herbststurm. | Was sollte man an einem solch | trübsinnigen Tag bloß unternehmen? |

Der dicke Dennis wollte gar nicht erst aufstehen. | Eindeutig, | heute würde ein langweiliger Tag. | Dennis zog sich schwermütig | die Bettdecke über den Kopf. |

Da klingelte das Telefon. | Nick war dran. | Großspurig erzählte er vom neuesten Kinofilm, | einem spannenden Mehrteiler. | „Spar dir dein langatmiges Geplappere", | sagte Dennis. | „Ich komme nicht mit." |

Nick schimpfte übermütig: | „Du dickbäuchiger, krummbeiniger Langweiler! | Stell dich nicht so kratzbürstig | und widerspenstig an!" | Lena und Kim wollten doch auch mitkommen. |

Das änderte natürlich alles! | „Jetzt oder nie", | dachte der dicke Dennis. | Heute musste es klappen! | Wenn er und die langmähnige Lena | nur erst mal nebeneinander sitzen würden.

(114 Wörter)

Auf geht's! Schreibe das Diktat ab!

Tipp

Falls du mal unsicher bist: Lies bei einer solchen Wortverbindung jeweils die einzelnen Teile getrennt mit dem übrigen Satz. Dann merkst du sofort, wenn ein Teil nicht allein stehen kann.

Schlangendiktat:
Was ist denn hier passiert? Schreibe das Diktat ab und trenne dabei die Buchstabenschlange an den richtigen Stellen!

DraußentobtederersteHerbststurm. WassolltemananeinemsolchtrübsinnigenTagbloß unternehmen?

DerdickeDenniswolltegarnichterstaufstehen. Eindeutig, heutewürdeeinlangweiligerTag.

DenniszogsichschwermütigdieBettdeckeüberdenKopf.

DaklingeltedasTelefon. Nickwardran. GroßspurigerzählteervomneuestenKinofilm, einem spannendenMehrteiler. „SpardirdeinlangatmigesGeplappere", sagteDennis. „Ichkomme nichtmit."

Nickschimpfteübermütig: „Dudickbäuchiger, krummbeinigerLangweiler! Stelldichnichtso kratzbürstigundwiderspenstigan!" LenaundKimwolltendochauchmitkommen.

Dasändertenatürlichalles! „Jetztodernie", dachtederdickeDennis. Heutemusssteesklappen!

WennerunddielangmähnigeLenanurerstmalnebeneinandersitzenwürden.

Das pitschenasse, rührselige Ende

Regel 2

Wenn das erste Wort einer Verbindung die **Bedeutung** des zweiten Wortes **verstärkt**, schreibt man die Verbindung meistens **zusammen**.

Beispiele

giftgrün	*knallrot*	*todmüde*
klatschnass	*brandneu*	*faustdick*
todmüde	*stocksteif*	*blitzschnell*
steinhart	*eiskalt*	*urgemütlich*

Teil 2

Zwei Freunde im Regen

Der dicke Dennis und Nick | standen vor dem Kino im Regen | und warteten mordsungeduldig auf die Mädchen. | Langsam wurden sie pitschepatschenass. |

„Wenn sie nicht kommen, | ist das megapeinlich", | knurrte Nick stinksauer. | Dennis überkam eine Riesenangst. | „Der Film ist brandneu. | Den dürfen wir nicht verpassen!", | jammerte Nick weiter. |

Dann kamen endlich Lena und Kim. | Unter ihrem Lieblingsregenschirm | sah Lena zuckersüß aus. | „Ich setz mich neben Nick!", | rief Kim blitzschnell. | „Und du?", | fragte Nick Lena. | „Ist mir schnurzegal", | sagte Lena. | Der dicke Dennis schluckte. | Sie hatte ihn nicht mal angesehen! |

Lena setzte sich neben Dennis. | Das tat sie aber nur, | weil kein anderer Platz mehr frei war. | Das spürte er genau. |

Stocksteif schauten sie auf die Leinwand.

(115 Wörter)

Auf geht's!

Schreibe die blauen Wortverbindungen ab!

Das pitschenasse, rührselige Ende

Tipp

Manche Wörter kommen häufig vor, um andere zu verstärken. Es ist leicht, sie sich zu merken:

mega-   super-   mords-   riesen-

**Lückendiktat:
Setze die richtigen Wörter in die entsprechenden Lücken!**

mordsungeduldig, Riesenangst, schnurzegal, brandneu, pitschepatschenass, megapeinlich, zuckersüß, stocksteif, Lieblingsregenschirm, blitzschnell, stinksauer

Der dicke Dennis und Nick standen vor dem Kino im Regen und warteten _____ auf die Mädchen. Langsam wurden sie _____ .

„Wenn sie nicht kommen, ist das _____", knurrte Nick _____ . Dennis überkam eine _____ .
„Der Film ist _____ . Den dürfen wir nicht verpassen!", jammerte Nick weiter.

Dann kamen endlich Lena und Kim. Unter ihrem _____ sah Lena _____ aus. „Ich setz mich neben Nick!", rief Kim _____ . „Und du?", fragte Nick Lena. „Ist mir _____ ", sagte Lena. Der dicke Dennis schluckte. Sie hatte ihn nicht mal angesehen!

Lena setzte sich neben Dennis. Das tat sie aber nur, weil kein anderer Platz mehr frei war. Das spürte er genau.

_____ schauten sie auf die Leinwand.

Ausnahme

Eines musst du aber doch noch beachten! Wenn nämlich das verstärkende Wort ein Adjektiv auf *-isch*, *-ig* oder *-lich* ist, gilt die Regel zur Getrenntschreibung! Das kannst du weiter vorn nachlesen.

Daher: Er hat einen **riesenfetten** Fisch geangelt.
Aber: Er hat einen **riesig fetten** Fisch geangelt.

76 Das pitschenasse, rührselige Ende

Regel 3

Verbindungen mit *irgend-* schreibt man **zusammen**.

Beispiele

irgendwer	*irgendwie*	*irgendeine*
irgendwem	*irgendwo*	*irgendeiner*
irgendwen	*irgendwann*	*irgendein*
irgendwas	*irgendwelche*	*irgendjemand*

Teil 3

Was lange währt, wird endlich gut

Das Licht ging aus | und der Film begann. | Von wegen brandneu! | Irgendwo hatte Dennis ihn schon gesehen. |

Lena amüsierte sich über den Film. | Irgendwie fasste der dicke Dennis Mut | und fragte sie: | „Willst du Popkorn?" | Aber Lena schnitt nur irgendeine Grimasse. |

Plötzlich schrie Lena auf! | Irgendjemand wollte heimlich | ihren Regenschirm klauen! | Der dicke Dennis sah | den Langfinger wegrennen. | Dennis lief schnell | von der anderen Seite zum Ausgang. |

Dort konnte Dennis | dem Dieb den Weg versperren. | Schon schnappte sich | irgendein Erwachsener das Bürschchen. | Der Film ging weiter | und Dennis brachte Lena ihren Regenschirm zurück. |

Irgendwann legte Lena | ihre Hand auf seine. | Keiner merkte was. | Der dicke Dennis strahlte. |

Er war nicht mehr irgendwer. | Er war ein Held!

(116 Wörter)

Auf geht's!

Sprich das Diktat auf Kassette und schreibe es dann allein vom Band ab!

Das pitschenasse, rührselige Ende

Tipp Die Beispiele auf der Vorderseite sind fast vollständig. Es gibt keine Verbindungen von *irgend-* mit Adjektiven oder Substantiven.

**Lückendiktat:
Setze die Wörter im Diktat richtig zusammen!**

...............wer, ...wie, ...wo, ...wann, ...eine, ...jemand, ...ein

Das Licht ging aus und der Film begann. Von wegen brandneu! Irgend............... hatte Dennis ihn schon gesehen.

Lena amüsierte sich über den Film. Irgend............... fasste der dicke Dennis Mut und fragte sie: „Willst du Popkorn?" Aber Lena schnitt nur irgend............... Grimasse.

Plötzlich schrie Lena auf! Irgend............... wollte heimlich ihren Regenschirm klauen! Der dicke Dennis sah den Langfinger wegrennen. Dennis lief schnell von der anderen Seite zum Ausgang.

Dort konnte Dennis dem Dieb den Weg versperren. Schon schnappte sich irgend-............... Erwachsener das Bürschchen. Der Film ging weiter und Dennis brachte Lena ihren Regenschirm zurück.

Irgend............... legte Lena ihre Hand auf seine. Keiner merkte was. Der dicke Dennis strahlte.

Er war nicht mehr irgend................ Er war ein Held!

Hoppla Hast du *brandneu* richtig geschrieben?

Ausnahme Von der Regel zur Zusammenschreibung gibt es allerdings eine Ausnahme. Immer wenn das Wörtchen *so* **eingefügt** ist, wird die Wortverbindung mit *irgend* getrennt!

Zum Beispiel:

*Der Dieb war irgend **so** ein gemeiner Bengel!
Ich habe ja gleich irgend **so** etwas geahnt.
Du bist auch irgend **so** jemand, dem das ständig passiert!*

Das pitschenasse, rührselige Ende

Grammatische Begriffe

Begriff	Beschreibung	Beispiel
Adjektiv	Eigenschaftswort (Wiewort)	der dicke Dennis, lustig
Artikel	Geschlechtswort (Begleiter)	der, die, das, ein, eine
Diphthong	Doppellaut: aus zwei Vokalen gebildeter Laut	au, äu, eu, ei
Endung	wird an den Wortstamm angehängt	du willst, sie rannten, giftig, die Türen
Konjunktion	Bindewort: verbindet Wörter und Sätze miteinander	und, oder, dass, denn, aber
Konsonant	Mitlaut	b, d, m, r, t (usw.)
Präposition	Verhältniswort: bezeichnet das Verhältnis zwischen Dingen bzw. Lebewesen	auf, bei, zu, an, unter, ohne, wegen, um Dennis liegt auf dem Bett.
Pronomen	Fürwort: Stellvertreter eines Substantivs	er, sie, ihr, wir, man, diese, welcher
Substantiv	Namenwort, Hauptwort, Nomen	Flasche, Stern, Haus, Glück
Substantivierung	als Substantiv verwendetes Wort einer anderen Wortart	das Lachen, beim Spielen, lautes Brüllen, etwas Tolles
Superlativ	zweite Steigerungsform eines Adjektivs	am schnellsten, die schwierigste Aufgabe, das beste Ergebnis
Verb	Zeitwort, Tätigkeitswort	rennen, mogeln, schwören, sein, haben
Vokal	Selbstlaut	a, e, i, o, u
Vorsilbe	steht vor dem Wortstamm	Entschluss, Unheil, vorgestern, verlieben, zerreißen
Wortstamm	Wort ohne Endung und ohne Vorsilbe	die Kinder, glücklich, er lacht, du gehst, verraten
Zahlwort	gibt eine bestimmte (Zahl) oder eine unbestimmte Menge an	eins, zwei, drei, der erste, die dritte, viele, wenig, alle

Mentor Lernhilfen für die 4.–7. Klasse.
Die haben's drauf.

Deutsch

Vorsicht Fehler!
200 typische Deutschfehler (63535-2)

Rechtschreibung
In 33 Tagen durch das Land Fehlerlos,
4. Klasse (63500-X)
Rechtschreib-Krimis, 5.–7. Klasse
(Band 1: 63510-7, Band 2: 63511-5)

Neue Rechtschreibung für Umsteiger
Multimedia-CD-ROM (63534-4)
Schautafel DIN A0 (63533-6)

Diktate
Endlich sicher beim Diktat!
4. Klasse (63502-6)

Diktate. Mit starken Texten zum Erfolg
Wahlweise als Schülerbuch mit Elternteil oder
als Multimedia-CD-ROM:
5. Klasse: Buch (63506-9), CD-ROM (63521-2)
6. Klasse: Buch (63508-5), CD-ROM (63522-0)
7. Klasse: Buch (63512-3), CD-ROM (63523-9)

Grammatik
In 33 Tagen Wort- und Satzbaumeister
4. Klasse (63501-8)
Bausteine und Spielregeln unserer Sprache
5./6. Klasse (63507-7)
Die Abschlussthemen verstehen, üben,
beherrschen, 7./8. Klasse (63514-X)

Aufsatz
Keine Angst vor dem Aufsatz!
5.–7. Klasse (63509-3)

(ISBN-Vorspann zur Bestellnummer: 3-580-)

**Und alles selbstverständlich in neuer Rechtschreibung.
Fragen Sie in Ihrer Buchhandlung danach!**

Englisch

Wortschatz und Grammatik
One, Two, Three ... Go! 5./6. Klasse
Band 1: (63540-9)
Band 2: (63541-7)

Englisch-, Spiel- und Bastelbücher
Play English!
4./5. Klasse (63538-7)
5./6. Klasse (63539-5)

Französisch

Ça alors! 1, 1./2. Lernjahr (63565-4)

Latein

Lateinstart mit Spaß! 1./2. Lernjahr (63590-5)
Grammatik mit Spaß! ab 2. Jahr (63591-3)

Mathematik

Mathe-Agent, 1.–6. Klasse
Multimedia-CD-ROM (63611-1)

Zahlenberge und Gedankenburgen
4. Klasse (63610-3)

Grund- und Aufbauwissen, 5./6. Klasse
Teil 1: Mengen, Einheiten, Addition, Subtraktion
(63615-4)
Teil 2: Multiplikation, Division, Terme, Gleichungen, Ungleichungen (63616-2)
Teil 3: Teiler, Vielfache, Brüche (63617-0)
Teil 4: Dezimalbrüche, Prozentrechnung,
Proportionen, Geometrie (63618-9)

Mentor
Eine Klasse besser.